Solicite nosso catálogo completo, com mais de 350 títulos, onde você encontra as melhores opções do bom livro espírita: literatura infantojuvenil, contos, obras biográficas e de autoajuda, mensagens espirituais, romances, estudos doutrinários, obras básicas de Allan Kardec, e mais os esclarecedores cursos e estudos para aplicação no centro espírita – iniciação, mediunidade, reuniões mediúnicas, oratória, desobsessão, fluidos e passes.

E caso não encontre os nossos livros na livraria de sua preferência, solicite o endereço de nosso distribuidor mais próximo de você.

Edição e distribuição

EDITORA EME
Caixa Postal 1820 – CEP 13360-000 – Capivari-SP
Telefones: (19) 3491-7000 | 3491-5449
Vivo (19) 99983-2575 📞 | Claro (19) 99317-2800 | Tim (19) 98335-4094
vendas@editoraeme.com.br – www.editoraeme.com.br

Terapia da Paz

Capivari–SP
– 2017 –

© 2007 Donizete Pinheiro

Os direitos autorais desta obra são de exclusividade do autor.

A Editora EME mantém o Centro Espírita "Mensagem de Esperança", tem um programa de distribuição de cestas básicas e patrocina, junto com a Prefeitura Municipal e outras empresas, a Central de Educação e Atendimento da Criança (Casa da Criança), em Capivari-SP.

8ª reimpressão – abril/2017 – Do 14.501 ao 15.500 exemplares

CAPA | André Stenico
DIAGRAMAÇÃO | Abner Almeida
REVISÃO | Lídia Regina Martins Bonilha Curi

Ficha catalográfica elaborada na editora

Pinheiro, Donizete
    Terapia da paz. Donizete Pinheiro. – 8ª reimp. abr. 2017 – Capivari, SP : Editora EME.
    196 p.

    1ª edição : nov. 2007
    ISBN 978-85-7353-379-8

1. Autoajuda, histórias com conteúdo moral.
2. Aprimoramento espiritual – Motivação e reflexão.

CDD 133.9

Índice

Esclarecimentos 7
A que reino pertencemos 9
Pregos na madeira 13
Compaixão 17
Nossa vidraça 21
Lutas 25
Jardim das afeições 29
Deus falando 33
O amor e o tempo 37
A fé forte 41
O verdadeiro poder 45
Os desejos 49
A magia do amor 53
Estímulo 57
Nossa verdade 61
Providência divina 65

Contentamento 69
Poder do amor 73
Deus existe? 77
Caridade 81
Renovação 85
Luta interior 89
Eco da vida 93
Raiva 97
Forças ocultas 101
Boa vontade 105
Uma nova chance 109
Somos deuses 113
O preço do amor 117
Cegueira espiritual 121
Os três filtros 125
Como Deus é 129
Aparências 133
Poder dar 137
Defeitos 141
A verdade 145
Ódio e vingança 149
Os três amigos 153
Semeando 157
O laço 161
Orgulho e humildade 165
Riscos 169
Além do dever 173
O principal 177
Participação 181
Ser você mesmo 185
Heranças 189
Vivendo como as flores 193

Esclarecimentos

Reunimos aqui outras mensagens do programa radiofônico Tempo de Paz, que tivemos o prazer de apresentar na cidade de Adamantina, a partir do ano 2001, pelas rádios Brasil, Jóia (AM) e 93 FM.

São mensagens com duração máxima de cinco minutos, que iniciam, sempre, com uma pequena história, citação ou texto filosófico, a maioria recolhida em livros ou na internet, não tendo, porém, os nomes de todos os autores.

Por causa das solicitações de cópias e de reprise do programa, e por sugestão de Jonas Bonassa, com o patrocínio da Fai-Faculdades Adamantinenses Integradas, elaboramos um CD com alguns programas.

Posteriormente, esses programas e outros fizeram parte de um primeiro livro, publicado por Edições Sonia Maria, para que as pessoas pudessem aproveitar o conteúdo para estudo e reflexão aprofundada.

Agora, estando em Marília, resolvemos publicar mais mensagens, que estavam guardadas à espera de boa oportunidade, que surgiu com o apoio da Editora EME.

E nestes tempos de hoje, quando muitas pessoas perderam sua paz diante dos graves problemas que afligem a humanidade, enfrentando doenças, vícios, frustrações, miséria e violência, todos somos convidados a sustentar o bem quanto possível a cada um, onde estivermos.

Assim, aqui ofertamos nossa pequena contribuição, com o desejo de que as mensagens possam servir à serenidade de quem as leia.

O autor
Marília, 2007

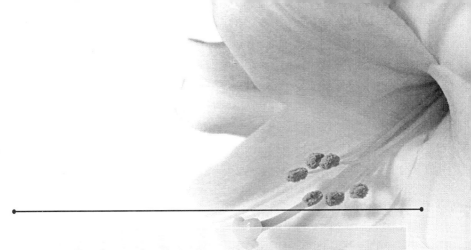

A que reino pertencemos

Conta-se que Guilherme II, um imperador alemão, viajou para o interior de seu país e resolveu parar para visitar os alunos de uma pequena escola instalada à beira da estrada, na zona rural. Ele foi recebido com emoção e respeito e até fizeram uma rápida homenagem para saudar tão ilustre visitante.

O imperador estava surpreso e feliz. Observando que toda a classe era viva, inteligente e desinibida, sentiu-se muito à vontade no meio dos alunos. Desejou, então, divertir-se também um pouco com as crianças. Pediu ao seu secretário que apanhasse uma laranja no meio da bagagem.

Segurando a laranja numa das mãos, ele perguntou ao grupo:

— Qual de vocês seria capaz de me responder a que reino pertence esta fruta que tenho na mão?

— Ao reino vegetal – respondeu imediatamente uma garota risonha, de olhos brilhantes e muito comunicativa.

— Surpreendente! – exclamou o visitante. – Bem, se você me responder mais duas perguntas, de forma correta, eu lhe darei uma medalha de prêmio.

A menina ficou feliz e disse logo que aceitava o desafio.

O imperador tirou uma moeda do bolso e disse:

— E esta moeda, pertence a que reino?

— Ao reino mineral – disse a menina.

— E eu, a que reino pertenço? – continuou Guilherme II.

Houve um rápido momento de silêncio. Os colegas se entreolharam e a garota perdeu o sorriso alegre. Ficou séria e constrangida. É que a pequena teve medo de ofender o imperador, dizendo-lhe pertencer ao reino animal...

"Puxa! – pensou ela. Mas perder a medalha é que não me agrada nem um pouco."

Então, de repente, uma resposta lhe veio à mente e o bonito sorriso novamente iluminou seu rostinho. E ela, vitoriosa, respondeu:

— O senhor pertence ao reino de Deus!

Professora, colegas e toda a comitiva que acompanhava o imperador não sabiam o que admirar mais: se a engenhosa e verdadeira resposta cristã que a menina deu, ou se a nobre atitude do imperador que, entregando o prêmio com voz embargada, acrescentou profundamente emocionado:

— Que seja eu digno desse reino, minha filha!

...

Aprendemos, na escola, que o homem é um mamífero e pertence ao reino animal. De fato, biologicamente, não somos muito diferentes de algumas espécies inferiores, como, por exemplo, os macacos. Estudos recentes mostraram que há mesmo alguma identidade de estrutura social e familiar, evidenciando que a sociedade humana é apenas mais adiantada.

O que nos destaca claramente é o avanço da inteligência. A conquista da palavra possibilitou novos conhecimentos, um raciocínio mais claro, e isso nos levou ao progresso tecnológico, que hoje alcança um nível nunca antes imaginado, pois já fomos à lua em naves espaciais e construímos o computador, que revolucionou a vida moderna.

No entanto, quando falamos dos relacionamentos pessoais, parece que nosso adiantamento não é tão grande assim. Também somos capazes de prejudicar, ofender, agredir e matar um semelhante, em conflitos urbanos e guerras internacionais.

Mas, uma voz íntima nos convida, todos os dias, a deixar a condição de animalidade. Estamos percebendo que a tecnologia e o conforto material não resolvem todos os nossos problemas. Que a guerra não nos leva à desejada paz. Há um vazio em nós, que só será preenchido quando nos aproximarmos de Deus.

Necessário, então, um esforço maior na disciplina das emoções e dos sentimentos.

E o caminho mais rápido para isso chama-se Jesus. Os seus ensinamentos são os sinais que devemos seguir e viver. Benevolência, indulgência para com as faltas alheias, energia amorosa e trabalho incessante no bem caracterizam o ser humano espiritualizado.

No Reino de Deus as criaturas se respeitam e se auxiliam mutuamente, buscam a harmonia e a beleza, a sabedoria e o amor.

E então, a que Reino você pertence?

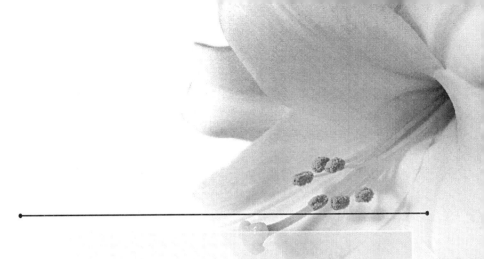

Pregos na madeira

Havia um garotinho que tinha mau gênio. Seu pai lhe deu um saco cheio de pregos e lhe disse que cada vez que perdesse a paciência batesse um prego na cerca dos fundos da casa.

No primeiro dia o garoto havia pregado 37 pregos na cerca. Porém, gradativamente, o número foi diminuindo. O garotinho descobriu que era mais fácil controlar seu gênio do que colocar os pregos na cerca.

Finalmente, chegou o dia no qual ele não perdeu mais a paciência. Contou isso a seu pai, e este lhe sugeriu que tirasse um prego da cerca a cada dia que ele fosse capaz de se controlar. Os dias foram se passando até que, finalmente, o garoto pôde contar ao pai que não havia mais pregos a ser retirados.

O pai pegou o garoto pela mão e o levou até a cerca. Ele disse:

— Você fez bem garoto, mas dê uma olhada na cerca. A cerca nunca mais será a mesma. Quando você diz coisas irado, elas deixam uma cicatriz como esta.

E continuou:

— Você pode esfaquear um homem e retirar a faca em seguida, mas, não importando quantas vezes você diga que sente muito, a ferida continuará ali. Uma ferida verbal é tão má quanto uma física. Amigos são jóias raras. Eles nos fazem sorrir e nos encorajam a ter sucesso. Eles sempre nos ouvem, têm uma palavra de apoio e querem abrir-nos o coração. Mantenha isso em mente antes de irar-se contra alguém.

...

Controlar as emoções é uma disciplina difícil de conquistar. O nosso ódio ou indignação são ainda tão intensos que não conseguimos impedir a explosão colérica, que causa terríveis danos ao próximo e a nós mesmos.

Pequenos contratempos ou desgostos são capazes de nos perturbar. Uma máquina que não funciona justamente quando mais precisamos dela; o almoço que não ficou pronto na hora certa; o ônibus que não aparece quando estamos atrasados para o trabalho;

a fila na repartição pública que não anda quando estamos cheios de coisas para fazer, esses são alguns exemplos que arrasam o nosso dia.

Como uma panela de pressão cuja válvula não funciona, de repente nos vemos gritando, xingando e até mesmo agredindo quem está ao nosso redor, mesmo que esse alguém não seja o culpado.

A irritação nos faz mal e ficamos extremamente alterados, muitas vezes até doentes. E, de outro lado, magoamos e ofendemos as pessoas, provocando antipatias e a revolta delas contra nós.

Pior ainda é quando reconhecemos o nosso descontrole e nos sentimos culpados pelo mal que causamos. Nessas circunstâncias, podemos tentar amenizar o problema pedindo desculpa à pessoa, mas é provável que o mal-estar permaneça por algum tempo e que o relacionamento não seja mais o mesmo.

É necessário, portanto, começarmos a trabalhar as emoções, para que sejam dominadas e canalizadas sempre para a construção do bem, gerando harmonia, nunca a destruição ou feridas.

Para isso, ajuda se formos uma pessoa dedicada à oração, à meditação, e se tivermos uma permanente ligação com Deus, fortalecida por uma fé racional, que nos leve ao entendimento das coisas, que aumente a nossa compreensão do porquê dos problemas e das dificuldades.

Nessas condições, venceremos as contrariedades com serenidade e paciência, seremos felizes e proporcionaremos felicidade ao semelhante.

Compaixão

Era uma vez um velho muito velho, quase cego e surdo, com joelhos tremendo. Quando se sentava à mesa para comer, mal conseguia segurar a colher. Derramava a sopa na toalha e, quando afinal acertava a boca, deixava sempre cair um bocado pelos cantos.

O filho e a nora dele achavam que aquilo era uma porcaria e ficavam com nojo.

Finalmente, acabaram fazendo o velho se sentar num canto atrás do fogão. Levavam comida para ele numa tigela de barro e, o que era pior, nem lhe davam o bastante. O velho olhava para a mesa com os olhos compridos, muitas vezes cheios de lágrimas.

Um dia, suas mãos tremeram tanto que ele deixou a tigela cair no chão e ela se quebrou. A mulher ralhou com ele, que não disse nada, só suspirou. Depois ela comprou um prato de madeira baratinho e era ali que ele tinha de comer.

Um dia, quando estavam todos sentados na cozinha, o neto do velho, que era um menino de quatro anos, estava brincando com uns pedaços de pau.

— O que é que você está fazendo? – perguntou o pai.

E o menino respondeu:

— Estou fazendo um prato de madeira, para o papai e a mamãe poderem comer quando eu crescer.

O marido e mulher se olharam durante algum tempo e caíram no choro. Depois disso, trouxeram o avô de volta para a mesa. Desde então, passaram a comer todos juntos e, mesmo quando o velho derramava alguma coisa, ninguém dizia nada.

...

O egoísmo é a causa principal das misérias humanas. Quem ainda possui esse sentimento ama exageradamente a si próprio, mantendo-se indiferente às dores e às necessidades do próximo.

O egoísta preocupa-se em satisfazer os seus desejos e, para isso, é capaz de se opor a qualquer um que possa ser obstáculo à sua felicidade, mesmo que tenha de prejudicar e até mesmo de matar.

Existem crianças abandonadas e velhos solitários, doentes sem conforto e miseráveis sem comida, porque os egoístas não querem ter trabalho, preocupações e muito menos gastar dinheiro, ou tempo, com outras coisas que não seja o seu prazer.

Todos nós ainda possuímos um pouco desse triste sentimento. O pior, muitas vezes, é que acabamos ensinando nossos filhos a também serem egoístas. A criança desta história, vendo o que os pais fizeram com o avô, já se preparava para cuidar deles da mesma maneira.

É preciso, portanto, lutar contra esse mal que faz a humanidade infeliz. Erradicar de vez a erva daninha que sufoca a pequena planta do amor. Jesus nos convida a crescer em misericórdia, amando cada vez mais o nosso semelhante, como ele mesmo nos ama.

Quem se eleva, sente em si o despertar da compaixão e se apieda das dores e misérias alheias. Faz o que pode, até mesmo com sacrifício, para de alguma forma, amenizar o sofrimento do próximo.

Talvez não se possa iluminar a mente dos governantes, mas é possível a palavra de esclarecimento ao analfabeto; talvez não tenhamos o suficiente para matar a fome dos irmãos africanos, mas podemos dar o pão a quem nos bate à porta; talvez não possamos descobrir a chave da longevidade, mas podemos dar um pouco de conforto aos idosos que estão por perto.

Se queremos compaixão, sejamos também nós misericordiosos.

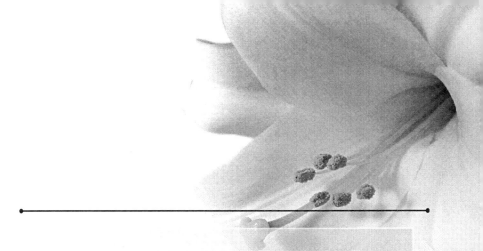

Nossa vidraça

Um casal mudou-se para um bairro muito tranqüilo. Na primeira manhã que passavam na casa, enquanto tomavam café, a mulher reparou em uma vizinha que pendurava lençóis no varal e comentou com o marido:

— Que lençóis sujos ela está pendurando no varal! Está precisando de um sabão novo. Se eu tivesse intimidade, perguntaria se ela quer que eu a ensine a lavar as roupas!

O marido observou calado. Três dias depois, também durante o café da manhã, a vizinha pendurava lençóis no varal, e novamente a mulher comentou com o marido:

— Nossa vizinha continua pendurando os lençóis

sujos! Se eu tivesse intimidade, perguntaria se ela quer que a ensine a lavar as roupas!

E assim, a cada três dias, a mulher repetia seu discurso, enquanto a vizinha pendurava suas roupas no varal.

Passado um mês, a mulher se surpreendeu ao ver os lençóis muito brancos sendo estendidos e, empolgada, foi dizer ao marido:

— Veja, ela aprendeu a lavar as roupas, será que a outra vizinha lhe deu sabão? Porque eu não fiz nada.

O marido calmamente respondeu:

— Não, hoje eu levantei mais cedo e lavei a vidraça da nossa janela!

...

Essa história nos faz lembrar Jesus, quando disse que costumamos ver o cisco nos olhos dos outros e não vemos a trave que está no nosso. O hábito da crítica negativa e da maledicência está tão forte em nós que sempre buscamos menosprezar e diminuir o semelhante.

Foi o que aconteceu com a mulher, que supunha suja a roupa da vizinha, quando, na verdade, era a sua janela que estava suja. O marido, tendo o cuidado de lavar o vidro, certamente permitiu à mulher refletir sobre a indevida conduta.

A primeira preocupação do ser humano deveria ser com o aprimoramento pessoal. Cuidar para adquirir cultura, sabedoria e, principalmente, procurar ser melhor como pessoa, mais bondosa, gentil e atenciosa.

Mas isso dá trabalho. Precisamos de muita disciplina, dedicação e de tempo, e sempre há sofrimento, pois muitas vezes temos de abandonar atividades com as quais estamos habituados e que nos dão prazer.

Não é fácil largar o cigarro, a bebida, o jogo e outros vícios. Mais difícil ainda é controlar os impulsos da reclamação, da maledicência e da crítica, porque se faz necessário desenvolver maior compreensão e tolerância com os erros do próximo.

O compromisso pessoal de cada um é primeiramente com Deus, que nos deu a vida e nos pede contas dos talentos que depositou em nossas mãos. Depois, temos responsabilidades com aqueles que nos rodeiam e que dependem de nós, assim como nós dependemos deles.

Porém, não dando conta nem da própria vida, vivemos a questionar e a analisar a vida dos outros, seus valores, sucessos e insucessos. Somos verdadeiros palpiteiros, como esses da televisão e das revistas de fofocas.

Estaremos fazendo grande coisa se cuidarmos das nossas próprias dificuldades. Assim melhoraremos ainda que só um pouquinho a cada dia, procuraremos não prejudicar ninguém, mas, pelo contrário, ajudar quem quer e precisa ser ajudado.

Vamos nos lembrar de que, na hora dos ajustes

com Deus, ele não nos vai perguntar se os lençóis da vizinha estão sujos ou limpos, mas vai querer saber da limpeza na nossa vidraça.

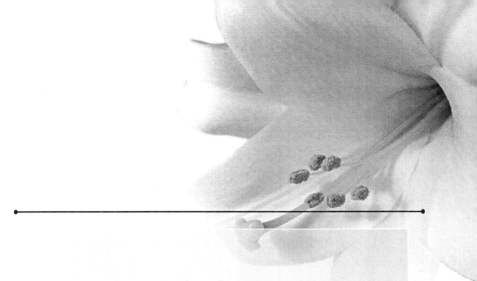

Lutas

Um fazendeiro, que lutava com muitas dificuldades, possuía alguns cavalos para ajudar nos trabalhos em sua pequena fazenda.

Um dia, o capataz veio trazer-lhe a notícia de que um dos cavalos havia caído num velho poço abandonado. O poço era muito profundo e seria extremamente difícil tirá-lo de lá.

O fazendeiro foi rapidamente até o local do acidente, avaliou a situação, certificando-se de que o animal não estava machucado. Mas, pela dificuldade e alto custo para retirá-lo do fundo do poço, achou que não valia a pena investir na operação de resgate.

Tomou, então, a difícil decisão: determinou ao capataz que sacrificasse o animal, jogando terra no poço até enterrá-lo, ali mesmo. E assim foi feito: os empregados, comandados pelo capataz, começaram a lançar terra para dentro do buraco de forma a cobrir o cavalo.

Mas, à medida que a terra caía em seu dorso, o animal a sacudia e ela ia se acumulando no fundo, possibilitando a ele ir subindo.

Logo, os homens perceberam que o cavalo não se deixava enterrar, mas, ao contrário, estava subindo à medida que a terra enchia o poço, até que, finalmente, conseguiu sair!

...

A vida é feita de lutas e sacrifícios. Dia após dia, enfrentamos as mais variadas experiências, que nos são necessárias ao crescimento espiritual. Deus quis que a nossa felicidade fosse alcançada com o nosso próprio esforço, para que pudéssemos dar valor a ela.

A maior parte de nós faz as coisas achando que está fazendo o certo, que está fazendo o que é o melhor. Nem sempre, porém, conseguimos sucesso. Isso acontece porque somos imperfeitos. Não temos todo o conhecimento. Então, errar, cair ou fracassar faz parte da vida.

Muitas vezes nos sentimos cair num poço muito profundo, do qual não sabemos sair. É a perda de um ente querido; a dispensa do emprego; o fracasso financeiro; ou uma doença incurável.

E se não bastasse a desgraça, algumas pessoas, indiferentes à nossa sorte ou cruéis, resolvem jogar terra sobre nós, para soterrar-nos as esperanças, já que daria muito trabalho nos ajudar.

Podemos aceitar a condição de fracassados e abandonar a luta, esperando a morte chegar. Essa seria a opção errada, porque somos imortais, como Deus, e a vida se nos tornaria um verdadeiro inferno de sofrimento.

A decisão certa é sacudir a terra lançada sobre as costas e fazer dela um chão que possa nos sustentar e levantar-nos até a saída do poço em que nos encontramos, para que possamos continuar a vida.

Ninguém deve se entregar sem lutar, não importa quais sejam as dificuldades. Deus, que só quer a nossa felicidade, nos oferece, a todos os instantes, a solução para os problemas.

Mas, para alcançarmos essas bênçãos, precisamos estar conectados com Ele, pelo trabalho no bem, pela fé e pela oração, com o que encontraremos a paz e a serenidade.

Por isso, se hoje você levantou pensando nos seus problemas e dores, se está achando que o poço está muito fundo, ore, trabalhe e aguarde com paciência, que logo você encontrará a resposta do Alto.

Jardim das afeições

Um dia, o executivo de uma grande empresa contratou, pelo telefone, um jardineiro autônomo para fazer a manutenção do seu jardim. Chegando a casa, o executivo viu que estava contratando um garoto de apenas 15 ou 16 anos de idade. Contudo, como já estava contratado, ele pediu para que o garoto executasse o serviço. Quando já havia terminado, o garoto solicitou ao executivo permissão para utilizar o telefone e o executivo não pôde deixar de ouvir a conversa toda.

O garoto ligou para uma senhora e perguntou:
— A senhora está precisando de um jardineiro?
— Não, eu já tenho um – foi a resposta.
— Mas, além de aparar a grama eu também tiro o lixo – disse o garoto.

— Nada demais. O meu jardineiro também faz isso – retrucou a senhora do outro lado da linha.

O garoto insistiu:

— Eu limpo e lubrifico todas as ferramentas no final do serviço.

— O meu jardineiro também – tornou a falar a senhora.

— Eu faço a programação de atendimento o mais rápido possível.

— Bom, o meu jardineiro também me atende prontamente. Nunca me deixa esperando. Nunca se atrasa.

Numa última tentativa, o menino arriscou:

— O meu preço é um dos melhores.

— Não – disse firme a voz ao telefone. – Muito obrigada! O preço do meu jardineiro também é muito bom.

Desligado o telefone, o executivo disse ao jardineiro:

— Meu rapaz, você perdeu um cliente.

— Claro que não – foi a resposta rápida. – Eu sou o jardineiro dela. Fiz isso apenas para medir o quanto ela estava satisfeita comigo.

...

Nós ficamos admirados com a beleza e o perfume dos jardins bem cuidados. As flores, com suas cores e variedades, alegram a nossa vida. Quando as recebemos, sentimos o coração feliz, porque as flores significam amor, amizade e carinho.

Mas há um outro jardim com flores que necessitam do nosso maior cuidado e o merecem. É o jardim das afeições, dos sentimentos bons que temos uns para com os outros, e que, na verdade, são as flores mais importantes que devemos cultivar.

Como em qualquer jardim, os sentimentos precisam sempre ser regados e adubados, para que seus brotos cresçam e possam ganhar beleza, cor, perfume e brilho. Sem a água do carinho e o adubo do respeito não há sentimento que resista às tempestades ou secas da vida.

Por isso, todos os dias, devemos manifestar afeto às pessoas que amamos, especialmente os familiares e amigos próximos. Não custa muito de nossa parte dar um abraço carinhoso, um toque qualquer, um sorriso sincero, fazer uma gentileza, deixar um bilhete, dizer que gostamos da pessoa.

Nós somos os responsáveis por esse jardim. Se formos jardineiros dedicados e cuidadosos, logo o nosso jardim estará cheio de afeições sinceras e amigas, e nossa vida cheia de alegria.

Mas, será que somos capazes de fazer como o jovem jardineiro da história e conferir se o serviço está sendo feito a contento? Seríamos, hoje, capazes de perguntar aos familiares e amigos se estamos sendo para eles motivo de felicidade?

Se você olhar para o seu jardim de afeições e verificar que ele não tem muitas flores, comece agora a trabalhar a terra dos corações, semeando ali as sementes de carinho e dedicação, para que no futuro, sua vida seja repleta de amor.

Deus falando

O homem sussurrou: "Deus, fale comigo"... E um passarinho cantou, mas o homem não ouviu. Então, o homem gritou: "Deus, fale comigo"... E trovões e raios apareceram no céu, mas o homem não notou.

O homem olhou em volta e disse: "Deus, deixe-me ver o Senhor"... E uma estrela brilhante apareceu, mas o homem não percebeu. O homem gritou: "Deus, mostre-me um milagre"... E uma vida nasceu, mas o homem não reparou.

Então, o homem clamou em desespero: "Toque-me, Deus, e deixe-me saber que o Senhor está aqui"... Ao que Deus o tocou suavemente. Mas o homem espantou a borboleta que pousara no seu ombro.

...

O homem de pouca fé vive querendo provas da presença de Deus, mas nunca se prepara para sentir a Sua presença. Pede, como um tolo, porque nem mesmo sabe dizer quem é Deus e como Ele poderia se manifestar.

Em regra, queremos respostas que sejam grandiosas e que nos impressionem. Algo palpável e que fortaleça a nossa vontade. Como um Tomé, que precisou colocar o dedo nas feridas de Jesus para acreditar na sua sobrevivência, o homem de pouca fé precisa ver para crer. Mas, quem tem a fé verdadeira, primeiro crê e, com isso, consegue ver.

Não se pode imaginar que estejamos na Terra ao abandono, sem o amparo d'Aquele que nos criou. Se os pais humanos não deixam de estar com os filhos nas suas maiores dificuldades, o Pai Divino não poderia fazer menos.

Precisamos, então, ficar atentos às manifestações de Deus em nosso favor. Para isso, devemos abrir os olhos da alma para enxergar por trás de cada acontecimento, por mínimo que seja, a presença e a proteção divinas.

O raiar de um novo dia é Deus nos oferecendo uma nova oportunidade de crescer e ser feliz. A noite que chega, nos convida à reflexão e ao refazimento das forças. O trabalho que nos é exigido fortalece o corpo e desenvolve a mente, proporcionando-nos o sustento. A doença, que nos impede o trabalho, indica que precisamos reconsiderar decisões e atitudes. O amigo, é Deus, servindo-se de um instrumento para nos acompanhar os passos; o inimigo é alerta para que aprendamos a fraternidade e valorizemos a paz.

A qualquer momento e de qualquer forma, Deus poderá falar conosco e nos dar respostas. Pode ser um livro que lemos, uma palestra a que assistimos, um conselho de amigo. Deus se vale até mesmo das aparentes coisas ruins para nos ajudar a ser melhores pessoas. Muitas vezes um desemprego nos leva a conseguir trabalho melhor; não raro, um imprevisto nos livra de um desastre; e quase sempre, uma doença nos aproxima da família e das pessoas que amamos.

Por isso, o homem de fé segue confiante na vida. Enfrenta com otimismo os problemas e consegue vencê-los. Sabe que é sustentado pelo Criador e que pode contar com Ele. Nunca se desespera com os problemas e permanece sereno, aguardando as suas respostas.

Conta-se que, numa grande enchente, um homem ficou isolado em sua residência. Como era muito religioso, rogou a Deus fervorosamente que o socorresse. Não tardou, e passou um barqueiro que o chamou, mas o homem disse que ele fosse socorrer outras pessoas, pois Deus o socorreria. Logo, sobrevoou o local um helicóptero de salvamento, mas o homem permaneceu em silêncio, orando a Deus. No entanto, as águas subiram e ele foi levado por elas. Chegando ao céu em péssimas condições, o homem quis saber dos anjos por que Deus o havia desamparado. Como?!

– exclamaram os anjos –, nós ouvimos a sua prece e lhe mandamos um barco e um helicóptero, mas você os recusou.

Estejamos, pois, atentos, para entender quando Deus estiver falando conosco.

O amor e o tempo

Era uma vez uma ilha onde moravam a Alegria, a Tristeza, a Vaidade, a Sabedoria, o Amor e tantos outros sentimentos e virtudes. Um dia, chegou um alerta de que ela seria inundada. Todos correram e pegaram seus barquinhos para ir a um morro bem alto. Só o Amor não se apressou. Apavorado, cuidava dos socorros e não queria abandonar sua ilha. Quando já estava se afogando, correu para pedir ajuda.

Passava a Avareza e ele disse:

— Avareza, leve-me com você.

Ela respondeu:

— Não posso, meu barco está cheio de ouro e prata e você não vai caber.

Passou a Vaidade e ele pediu:

— Vaidade, leve-me com você...

— Não posso, você vai sujar meu barco – foi a resposta.

Logo atrás vinha a Tristeza.

— Tristeza, posso ir com você?

— Ah! Amor, estou tão triste que prefiro ficar sozinha – lamentou a Tristeza.

Passou então a Alegria, mas estava tão alegre que nem ouviu o Amor chamar por ela.

Já desesperado, achando que ia ficar só, o Amor começou a chorar. Então passou um barquinho onde estava um velhinho e ele falou:

— Sobe, Amor, que eu te levo.

O Amor ficou radiante de felicidade que até se esqueceu de perguntar o nome do velhinho. Chegando ao morro alto onde estavam os sentimentos, ele perguntou à Sabedoria:

— Sabedoria, quem era o velhinho que me trouxe aqui?

Ela respondeu:

— O Tempo.

— O Tempo? Mas por que só o Tempo me trouxe aqui?

— Porque só o Tempo é capaz de ajudar a entender um Grande Amor!!

...

O amor é a plenitude dos sentimentos. Quando conseguirmos vivê-lo todos os dias em nossas vidas, em todas as situações, com todas as pessoas, nós seremos verdadeiramente felizes.

Para muitos, porém, o que fala mais alto são os prazeres e as sensações, que querem satisfazer de qualquer jeito, sem se preocupar em colocar, no que fazem, um sentimento mais puro e superior.

Por isso, o trabalho é um peso e uma obrigação da qual querem se livrar; a diversão, uma euforia descontrolada que leva à exaustão; as relações de amizade só existem enquanto satisfizerem os interesses; e o sexo é somente prazer, sem compromisso.

E aqueles que procuram colocar amor nas suas vidas, sendo dedicados, afetuosos, sinceros e honestos, são vistos com olhos diferentes, como pessoas estranhas, seres fora da realidade.

Essas pessoas são reconhecidas e elogiadas por alguns que gostariam de ser como elas, mas que ainda não encontraram forças para isso. No entanto, são desprezadas ou ignoradas por muitos que acham que o amor está fora de moda e que cada um tem de cuidar dos próprios interesses.

É por isso que aqui, na Terra, o amor ainda não é bem compreendido e nem reconhecido, sendo muitas vezes vítima da ingratidão.

Os pais, que lutam e sofrem para a educação dos filhos, não raro se vêem abandonados; cônjuges dedicados e amorosos acabam sendo trocados por outros, nas dificuldades ou na velhice; e empregados fiéis e operosos são dispensados, sem a mínima consideração.

Os que amam, porém, não devem desistir de amar e de servir, porque sua recompensa é a alegria de estar em comunhão com o Criador. Não há paz e nem felicidade que possam ser alcançadas de outra maneira.

Quanto aos ingratos e indiferentes, não se preocupem com eles; o tempo é sempre o melhor remédio e eles também irão compreender que só o amor é capaz de preencher o coração da criatura.

A fé forte

Um certo alpinista, que já escalara várias montanhas no mundo, resolveu, pela coragem e ousadia que tinha, escalar o Monte Everest. Pegou todo o equipamento que possuía e foi ao encontro do grande desafio.

Chegando ao local, iniciou a caminhada em sentido ao topo. Depois de três horas e meia de escalada, resolveu parar para repousar. Antes que ele armasse a barraca, a noite caiu repentinamente, com uma breve chuva.

Tudo ficou extremamente escuro que não podia ver a palma da sua mão. Essa experiência... – pensava ele – nunca tinha vivido. Em seguida, uma forte tempestade começou a cercar todo aquele imenso monte, provocando uma grande avalanche. Sem mais nenhuma segurança que o livrasse, despencou num quase infinito abismo. Enquanto caía, ele começou a rever a sua vida, desde a sua infância até aquela data.

Percebeu que estava prestes a morrer. Seu pensamento voltou-se para DEUS, pois era o único e último recurso que lhe restava. Ele pedia, na oração, que o Pai o livrasse da morte. Em resposta à súplica, sentiu a corda que estava ainda em sua cintura, presa em alguma parte da montanha.

Percebendo a eficácia do livramento de DEUS, acreditava que poderia escapar com vida, quando, de repente, naquela terrível escuridão, uma brisa passava e juntamente soava uma voz que dizia:

— Você crê que eu posso livrá-lo da morte?

Ele respondeu:

— Sim, eu creio que posso sair com vida.

Novamente a voz perguntava:

— Você crê que eu posso te livrar da morte?

E ele reafirma:

— Sim, eu creio.

Disse a voz:

— Então, solte a corda!

Assustado e sem fé tamanha, não aceitou o desafio. E aquela suave voz foi embora. Dias depois, uma equipe de resgate foi à procura do desaparecido alpinista e o encontrou morto, congelado, pendurado a um metro do chão.

Você soltaria a corda?

...

O alpinista de nossa história sem dúvida era um homem de fé. Acreditou que seria capaz de escalar a grande montanha de gelo e iniciou a subida. Certamente, já havia enfrentado outras batalhas e vencera. Agora, estava ali para novamente provar a sua coragem.

Surpreendido pela avalanche e pela queda, teve tempo de se lembrar de Deus e rogou-Lhe ajuda naquela hora de perigo. Foi salvo, no primeiro momento, pela corda que tinha amarrada no corpo.

No entanto, envolto pela escuridão e pela tempestade, convidado pela voz para testemunhar o tamanho de sua fé em Deus, não teve coragem suficiente para cortar a corda, morrendo ali de frio, a apenas um metro do chão.

Na vida real, em diversos momentos somos testados: será que a confiança em nós já é bastante grande? Será que a nossa fé em Deus é forte o suficiente para o enfrentamento de provas maiores?

A cada dia, nos pequenos contratempos, somos convidados a manifestar a fé na própria capacidade de ser humano. Precisamos acreditar nas nossas potencialidades e que temos forças para superar as dificuldades apresentadas.

Cada vitória nos fortalece; cada derrota nos enriquece, se somos capazes de refletir sobre elas. De experiência em experiência, aprendemos a confiar mais em nós mesmos. Cada sofrimento ultrapassado com confiança e resignação mostra que Deus é o Pai perfeito e nos oferece sempre a sua bondosa proteção, ainda que não possamos compreendê-la.

Se hoje você está na escuridão da doença, se vendavais de problemas e preocupações lhe atingem a vida, veja nisso um grande teste para a sua fé e, ao ouvir a voz de Deus, seja capaz de soltar a corda do medo, pois bem próximo deve estar o chão seguro da vida plena e feliz.

O verdadeiro poder

Era uma vez um guerreiro, famoso por sua invencibilidade na guerra. Por ser um homem extremamente cruel, era temido por todos. Quando ele se aproximava de uma aldeia – dominou muitas! – os moradores saíam correndo para as montanhas, onde dele se escondiam.

Certo dia, alguém o viu se aproximar, com seu exército, de uma pequena aldeia, onde viviam alguns agricultores e, entre eles, um velhinho muito sábio.

Quando o pessoal escutou a terrível notícia, tratou de juntar o que podia e fugir rapidamente. Só o velhinho ficou para trás. Ele já não podia fugir. O guerreiro entrou na aldeia e foi cruel, incendiando as casas e matando alguns animais pelas ruas. Até que chegou à casa do assustado velhinho.

Sem piedade, o guerreiro foi dizendo-lhe que seus dias tinham chegado ao fim, mas que lhe concederia um último desejo, antes de matá-lo com a espada. O velhinho pensou um pouco e pediu que o guerreiro fosse com ele até o bosque e ali lhe cortasse um galho de uma árvore. O guerreiro achou aquilo uma besteira e disse:

— Esse velho deve estar gagá. Que último desejo mais besta.

Mas, se esse era o último desejo do velhinho, iria atendê-lo. E lá foi o guerreiro até o bosque, e, com um golpe de sua espada, cortou um galho de uma árvore.

— Muito bem – disse o velhinho.

O senhor cortou o galho da árvore. Agora, por favor, coloque esse galho na árvore outra vez.

O guerreiro deu uma grande gargalhada, dizendo:

— Esse velho deve estar louco, pois todo mundo sabe que isso já não é mais possível, não dá para colocar o galho cortado na árvore outra vez.

O velhinho então lhe respondeu:

— Louco é você, que pensa que tem poder só porque destrói as coisas e mata as pessoas que encontra pela frente. Quem só sabe destruir e matar, esse não tem poder. Poder tem quem sabe juntar, quem sabe unir o que foi separado, quem faz reviver o que parece morto. Essa pessoa tem verdadeiro poder.

...

Ter poder é ambição de muitos. Querem ocupar

lugar de destaque na sociedade, ter sob o seu comando várias outras pessoas, vê-las obedecer as suas ordens, ressaltando-lhe a importância.

No entanto, o poder é muito perigoso. Poucos são aqueles que, alcançando lugar de mando, conseguem utilizá-lo para o crescimento do próximo e da sociedade, por conseqüência, crescimento de si próprios.

Porque, muito interessados na exclusiva felicidade, impõem o comando, ao invés de conquistá-lo. E, não possuindo a liderança verdadeira, submetem o semelhante pela força e pela crueldade.

Esse poderoso da Terra agrega em torno de si apenas os fracos ou os interesseiros de mesma natureza. Não são amados, porém, temidos ou invejados. Quando perdem o poder – o que acontece com todos –, são abandonados e ridicularizados por aqueles que antes o bajulavam.

O verdadeiro poder não é aquele que causa destruição, mas o que constrói e ajunta o bem em torno de si. O verdadeiro poder é capaz de servir incansavelmente, sem precisar ser servido por quem quer que seja. O verdadeiro poder é forte por dentro e não se abate com nada que lhe façam por fora, porque de nada precisa.

Os poderosos da Terra passaram. Onde estão os guerreiros romanos? Onde estão os reis tiranos? Onde estão os ditadores assassinos?

Eles são apenas história.

Só Jesus, que detém o poder verdadeiro do Amor, permanece respeitado cada vez mais.

Os desejos

Um homem estava viajando e, acidentalmente, entrou no paraíso. E, como se sabe, no conceito indiano de paraíso existem árvores-dos-desejos. Simplesmente senta-se debaixo delas, deseja-se qualquer coisa e o desejo é prontamente realizado.

O homem estava cansado e pegou no sono sob uma árvore-dos-desejos. Quando despertou, estava com muita fome. Então disse:

"Estou com tanta fome. Desejaria poder conseguir alguma comida de algum lugar".

E logo apareceu comida, que chegou do nada – simplesmente uma deliciosa comida flutuando no ar. Ele estava tão faminto que não prestou atenção de onde a comida viera. Começou a comer imediatamente. A comida era tão deliciosa...

Depois, desaparecida a fome, olhou à sua volta. Agora estava satisfeito.

Outro pensamento surgiu-lhe na mente:

"Se ao menos pudesse conseguir algo para beber..."

E imediatamente, apareceu um excelente suco de uva. Bebendo-o relaxadamente, na brisa fresca do paraíso, sob a sombra da árvore, começou a pensar:

"O que está acontecendo? O que está havendo? Estou sonhando ou existem demônios ao redor que estão fazendo truques comigo?"...

E demônios apareceram. E eram ferozes, horríveis, nauseantes. Ele começou a tremer e um pensamento surgiu em sua mente:

"Agora, com certeza, vou ser assassinado...!!"

E ele foi assassinado.

...

O filósofo Descartes disse: Penso, logo existo. Mas, poderíamos acrescentar: conforme penso, realizo. Isso porque toda realização tem princípio num pensamento.

E o que fazemos está diretamente relacionado com aquilo que pensamos. Se os nossos pensamentos e desejos são bons, certamente que as nossas obras também serão boas; mas, se pensamos em destruição e morte, o que sairá de nós só poderá ser dessa natureza inferior.

Muitas vezes apresentamos à sociedade algumas

obras boas, mas, por trás delas, escondemos propósitos indignos, a exaltação da vaidade ou o lucro ilícito. No entanto, somos o que pensamos. Podemos disfarçar o que somos para o próximo, que apenas vê o exterior. Mas não podemos nos enganar e nem enganar a Deus.

Portanto, a felicidade ou infelicidade começa a ser conquistada exatamente pelos pensamentos que geramos e pelos desejos que sentimos. Importante, então, é analisar o que está em nossa mente.

Se hoje você levantou pensando que o dia será péssimo, que não vai dar conta de tudo que tem para fazer, que vai encontrar gente chata pela frente, prepare-se, porque é bem provável que tudo isso realmente aconteça.

O dia de cada um de nós já tem complicações naturais que precisamos vencer, pois fazem parte do nosso aprendizado. Não devemos, porém, de nossa parte, agravar a situação com pessimismo e pensamentos infelizes.

Desejemos, positivamente, ser fortes para suportar as dificuldades; desejemos ter sabedoria para encontrar a solução para os nossos problemas; desejemos atrair somente pessoas boas e alegres; desejemos ter paz e serenidade.

A misericórdia de Deus é tão grande que, geralmente, realiza os nossos desejos. No entanto, é preciso cuidado ao pensarmos e desejarmos, porque poderemos não gostar daquilo que receberemos.

Dessa forma, pense e deseje sempre o Bem, o Amor, o Conhecimento e a Paz. Você nunca se arrependerá.

A magia do amor

Um executivo foi a uma palestra e ouviu um grande tribuno falar sobre o maior bem da vida, que é a paz interior. Podemos tê-la em qualquer lugar, sozinhos ou acompanhados.

O executivo resolveu, então fazer uma experiência: pegou cinco belas flores e saiu com elas pela rua, em plena cidade de São Francisco, na Califórnia. Logo notou que as cabeças se viravam e os sorrisos se abriam para ele.

Chegou ao estacionamento e a funcionária do caixa elogiou o seu pequeno buquê. Ela quase caiu da cadeira quando ele lhe disse que podia escolher uma flor. Segundos depois, ele se aproximou de outra mulher, que não assistira à cena anterior, e ela falou do perfume que ele trazia ao ambiente. Ele lhe ofereceu outra flor. Espantada e feliz com o inesperado, saiu dali quase a flutuar. Afinal, quem distribui flores perfumadas numa garagem pública quase deserta, num domingo, perto das 22 horas?

Completamente embriagado pela magia daqueles momentos, ele entrou num restaurante. Uma garçonete, com ar de preocupação, foi atendê-lo. Ele percebeu que as flores mexeram com ela. Como se sentia com poderes especiais para fazer os outros felizes, depois das duas experiências anteriores, ele deu a ela uma flor e um botão por abrir e lhe disse que cuidasse bem dele, pois, ao desabrochar, lhe traria uma mensagem de amor. Dias depois, ele voltou ao restaurante. A garçonete sorriu para ele com ar de quem tinha encontrado a fórmula da felicidade e falou: "A flor abriu. A mensagem era linda. Muito obrigada."

O executivo sorriu também. Sentia-se um mágico: com flores, amor no coração e uma mensagem positiva, inventada ao sabor do momento, produzia alegria. Tão simples que até parecia irreal. Na manhã seguinte, ele precisava abrir um portão para sair de carro. Surgida, nem se sabe de onde, uma sorridente mulher desconhecida abriu o portão e o fechou para ele, espontaneamente.

Ele compreendeu que havia uma harmonia universal ao seu dispor. Bastava que a buscasse.

E, agora recomenda: "tente você também, desinteressadamente. Dá certo e a recompensa é doce!"

...

Há pessoas que estão esperando a felicidade cair do céu, esperando que os outros as façam felizes. Imaginam coisas grandiosas, sucesso, muito dinheiro e amores apaixonantes. E porque quase sempre não conseguem tudo isso, passam, pela vida, infelizes.

A verdadeira felicidade consiste na paz interior. E paz interior se consegue pela consciência tranqüila, resultante da prática incessante do bem. Só a vivência plena do Amor fará o homem feliz.

E tão poderoso é o Amor, que pequenas parcelas dele já são suficientes para transformar a tristeza em alegria, a miséria em conforto, a ignorância em conhecimento, o medo em segurança, o ódio em fraternidade.

É preciso, então, que façamos nós como o executivo. Comecemos a distribuir as flores da gentileza, do sorriso, da bondade, da atenção, e seremos capazes de auxiliar aqueles que cruzam o nosso caminho.

E ver o sorriso estampado no rosto, em que só havia tristeza e preocupação, produzirá em nós tanto bem-estar que nos sentiremos encorajados a continuar fazendo o bem. Perceberemos, como disse Francisco de Assis, que é dando que se recebe, que é amando que seremos amados.

Então, o que estamos esperando? Hoje mesmo você pode começar a ser feliz. Faça alguma coisa para transformar a sua vida e comece pelas coisas simples, dentro do lar, entre os vizinhos ou no local do trabalho.

Em breve, você sentirá a doce recompensa do Amor e do Bem confortando-lhe o coração.

Estímulo

Certa tarde, o paizão saiu para um passeio com as duas filhas, uma de oito e a outra de quatro anos. Em determinado momento da caminhada, Helena, a filha mais nova, pediu ao pai que a carregasse, pois estava muito cansada para continuar andando.

O pai respondeu que estava também bastante fatigado. Diante da resposta, a garotinha começou a choramingar e a fazer "corpo mole". Sem dizer uma só palavra, o pai cortou um pequeno galho de árvore e lho entregou, dizendo:

— Olhe aqui, um cavalinho para você montar, filha! Ele irá ajudá-la a seguir em frente.

A menina parou de chorar e pôs-se a cavalgar o

galho verde tão rápido, que chegou a casa antes dos outros. Ficou tão encantada com seu cavalo de pau, que foi difícil fazê-la parar de galopar.

A irmã mais velha ficou intrigada com o que viu e perguntou ao pai como entender a atitude de Helena. O pai riu e respondeu dizendo:

— Assim é a vida, minha filha. Às vezes estamos física e mentalmente cansados, certos de que é impossível continuar. Mas encontramos então um "cavalinho" qualquer que nos dá ânimo outra vez.

E arrematou:

— Esse cavalinho pode ser um bom livro, um amigo, uma canção... Assim, quando você se sentir cansada ou desanimada, lembre-se de que sempre haverá um cavalinho para cada momento, e nunca se deixe levar pela preguiça ou pelo desânimo.

...

Muitas vezes não conseguimos compreender como certas pessoas são tão ativas e trabalhadeiras. Estão sempre com o seu tempo ocupado e fazendo alguma coisa, mexendo aqui e ali. E nos perguntamos: Onde elas encontram forças para isso? Como não desanimam, apesar dos problemas e até mesmo das doenças?

Essas pessoas seguem sobre o "cavalinho" do estímulo. Encontraram uma razão para viver, têm sonhos, metas, objetivos.

Nós somos mais fortes do que podemos imaginar, apenas ainda não aprendemos a confiar em nós mesmos e em Deus. Então, precisamos encontrar o nosso estímulo, para que possamos seguir pela vida mais animados, dispostos e saudáveis.

Pense em alguma coisa que lhe dê prazer, em alguma coisa boa que você sempre quis fazer, mas que está esperando a oportunidade aparecer.

Comece a mentalizar a conquista. Organize-se, prepare-se para conseguir o que quer. Pode ser uma viagem de férias; a visita a um amigo ou familiar; a atividade física que precisa fazer; o desejo de começar ou novamente estudar; a freqüência à religião; o trabalho de caridade; a leitura de um livro.

Assim como os heróis, nós, pessoas comuns, precisamos de tarefas e de missões para que nos sintamos vivos e úteis. A rotina diária sufoca a pessoa e a impede de crescer, porque todos os dias ela faz sempre a mesma coisa. As coisas diferentes que fazemos nos trazem mais conhecimentos e engrandecem a alma.

Também podemos encontrar apoio e estímulo em pessoas que são exemplos de vida e que, com suas palavras e obras, nos mostram o caminho melhor e nos incentivam a jornada. Alguns são mais ligados às coisas da Terra, como artistas, esportistas e até políticos; outros falam mais alto ao espírito, como Francisco de Assis, Gandhi, Madre Teresa de Calcutá, Chico Xavier, exemplos que aprendemos a admirar.

Mas o maior estímulo para nós, sem dúvida, deve ser Jesus.

Nossa fé nas suas palavras e ensinamentos nos repletará de tanta boa-vontade, coragem e determinação, que seremos capazes de enfrentar qualquer obstáculo ou problema, com serena alegria, na certeza de que dias melhores nos aguardam.

Nossa verdade

Numa estação rodoviária, uma moça estava aguardando o horário de seu ônibus. Decidiu tomar um café na lanchonete enquanto lia o jornal. Comprou um saco de biscoitos, deixou as coisas junto ao balcão e foi buscar o café. Quando voltou ao lugar onde tinha deixado a bagagem, um homem estava sentado ao lado, comendo seus biscoitos, despreocupado.

Irritada com a "cara de pau" daquele desconhecido, ela tirou um biscoito do pacote para mostrar que aqueles biscoitos eram seus. O homem não disse nada e tirou outro biscoito. Ela tentava ler o jornal, mas a irritação ia crescendo, pois o homem continuava a comer biscoitos, descontraidamente.

Quando sobrava apenas um biscoito no pacote, ele o partiu ao meio, comeu metade e se levantou sem dizer nada. Completamente furiosa, a moça comeu a metade que tinha sobrado do biscoito e fechou o jornal. Quando abriu a mala para guardar o jornal, encontrou o seu pacote de biscoitos dentro da mala, intacto.

A irritação deu lugar à vergonha. E, em um segundo, a opinião que fizera sobre o homem transformou-se completamente!

...

As pessoas costumam examinar os acontecimentos da vida com a própria verdade. Interpretam os fatos e julgam o semelhante segundo um ponto de vista muito pessoal.

Nesse caso, falam mais alto o orgulho e os interesses de cada um. A pessoa acredita tanto no que pensa que altera a realidade e não reflete mais claramente sobre a situação em que está envolvida.

A história que apresentamos é apenas um dos exemplos do que pode acontecer conosco no dia-a-dia. A reação da moça foi a de considerar o homem muito abusado por estar comendo os biscoitos dela. Ficou indignada e teve uma atitude quase infantil, de também pegar os biscoitos do mesmo pacote, quando poderia ter conversado com ele para esclarecer o ocorrido. A verdade dela era que o pacote lhe pertencia. Mas que vergonha sentiu, ao se dar conta de que, na realidade, o pacote era do homem!

Quantos já não passaram por situações semelhantes a essa? Quem já não bateu o pé afirmando ter certeza de que um objeto estava ou não estava em algum lugar, para logo se revelar que era justamente o contrário? Quem já não disse que tinha certeza de que seguia por um caminho correto, quando quem estava com a razão eram os amigos? E quem nunca achou alguém tão chato no primeiro encontro, para depois se tornar o seu maior amigo?

Tudo isso acontece porque somos muito rápidos no julgar e no falar, mas demorados para refletir. Fazemos as coisas por impulso, com a primeira emoção. E, então, tudo acaba dando errado, porque os nossos sentimentos ainda são inferiores.

Um minuto de reflexão é importante para que não tenhamos atitudes precipitadas e infelizes, colocando-nos em situação de vergonha ou de arrependimento. Por outro lado, devemos ampliar a compreensão para com as pessoas, entendendo que a grande maioria está procurando fazer as coisas certas.

Pode não parecer, mas a nossa felicidade ou infelicidade é uma conseqüência das pequenas situações do dia-a-dia. Daí ser necessário treinarmos, em cada acontecimento, uma ação ou reação positiva.

Quando contrariados, guardemos um primeiro momento de silêncio interior, reflitamos sobre as melhores possibilidades, afastemos a raiva e a revolta, e então, inspirados pela prudência e pelo desejo do Bem, tomemos atitude para uma boa solução do problema.

E aí assim, com toda certeza, nunca nos arrependeremos de nossas decisões e atitudes.

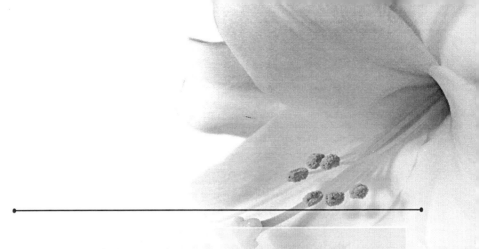

Providência divina

Conta-se que certo homem teve um sonho. Ele sonhou que tinha chegado ao paraíso. Lá encontrou uma loja e foi atendido por um anjo. Então ele perguntou ao anjo:

— Santo anjo do Senhor, o que vendes?

E o anjo respondeu:

— Eu vendo todos os dons de Deus.

— Custam muito caro? – perguntou o homem.

— Não, tudo aqui é de graça – disse o anjo.

O homem contemplou a loja e viu jarros e vidros de fé, pacotes de esperança, caixinhas de salvação e sabedoria...

Tomou coragem e pediu:

— Por favor, quero muito amor de Deus, todo

o perdão d'Ele, um vidro de fé, bastante felicidade e salvação eterna para mim e para minha família.

Então, o anjo do Senhor preparou um pequeno embrulho que cabia na mão.

O homem, maravilhado, disse:

— Mas, tudo que eu pedi está aqui?

O anjo respondeu-lhe sorrindo:

— Meu querido irmão, na loja de Deus não vendemos frutos. Apenas sementes.

...

Muitas vezes nos referimos a Deus como Providência Divina, e o fazemos corretamente, porque de fato Deus é a fonte de todas as coisas e de todos os seres do Universo. Tudo, absolutamente tudo, tem origem em Deus, que é único e todo poderoso.

Nós, os seres humanos, podemos nos considerar transformadores, nunca criadores. O máximo que conseguimos fazer é modificar as coisas que já existem, agrupá-las, dar a elas uma outra combinação, uma outra forma.

Entre os que acreditam em Deus, muitos ainda se encontram numa fase infantil. Como filhos pequenos, acham que o Pai é obrigado a conceder-lhes tudo pronto, para que eles unicamente possam usufruir e se contentar.

Então, quando se dirigem a Deus, o fazem quase sempre para pedir, implorar ou reclamar. Pedem tudo: querem arrumar um bom emprego, ganhar dinheiro, que seu time de futebol seja campeão, que o inimigo seja derrotado e também querem ter sorte no amor. Quando não alcançam o que desejam, blasfemam, se revoltam e passam a duvidar da justiça e do amor de Deus.

Mas, assim como as crianças crescem, essas pessoas também vão crescer em conhecimento e compreender melhor a essência de Deus. E se Ele não nos dá tudo pronto, é justamente porque quer que nós sejamos os construtores do nosso destino e da nossa felicidade.

É pelo esforço na luta para vencer as dificuldades que amadurecemos em sentimento e inteligência. Basta analisarmos a experiência da vida. O atleta que alcança a vitória é aquele que dedicou anos e anos, várias horas por dia, no treino difícil de sua especialidade. O médico brilhante certamente despendeu muito tempo no estudo e no trabalho com doentes e pesquisou os melhores tratamentos.

O mesmo acontece quando se fala de virtudes. A pessoa paciente adquiriu essa qualidade depois de muito sofrer suportando contratempos, ignorância, aflições e outras dificuldades. A pessoa resignada deve ter passado privações, misérias, doenças, percebendo em tudo algo de positivo que a tornou melhor.

É por isso que a Providência Divina costuma fornecer apenas sementes. Preparar o solo, lançar a semente e cultivar a plantinha é tarefa nossa, para que possamos saborear os frutos do próprio esforço. Somos, pois, os construtores do nosso destino, os lavradores da terra bruta dos nossos corações.

Agradeçamos a Deus e perseveremos trabalhando sempre, se quisermos crescer em espírito e alcançar a felicidade.

Contentamento

Dono de um pequeno comércio, amigo do grande poeta Olavo Bilac, abordou-o na rua:
— Senhor Bilac, estou precisando vender o meu sítio, que o senhor tão bem conhece. Será que o senhor poderia redigir o anúncio para o jornal?

Olavo Bilac apanhou o papel e escreveu:

"Vende-se encantadora propriedade, onde cantam os pássaros ao amanhecer no extenso arvoredo, cortada por cristalinas e marejantes águas de um ribeirão. A casa, banhada pelo sol nascente, oferece a sombra tranqüila das tardes, na varanda".

Meses depois, o poeta encontrou-se novamente com o homem e lhe perguntou se havia vendido o sítio.

— Nem pensei mais nisso – disse o homem. Quando li o anúncio é que percebi o maravilhoso sítio que tinha !

...

O ser humano é tão ansioso por sua felicidade que a quer logo, imediatamente. Não pára nem para pensar em como conquistá-la para sempre. Contenta-se um pouco, alegra-se com o que consegue, mas, em breve, acostuma-se com o que conseguiu e novamente fica infeliz e carente.

Então, sai a procurar outras maneiras de satisfação mais intensa, numa busca que não termina e costuma provocar um vazio interior, como se nada mais pudesse lhe preencher a alma.

Isso acontece porque o ser humano ainda está muito preso às coisas da Terra, que são passageiras e ilusórias, satisfazem o corpo, dão alguma sensação e emoção, mas não atingem profundamente a alma, que somos nós na essência.

Quando aceitamos as coisas do espírito, as nossas emoções e sensações vão se tornando mais sublimadas, de tal maneira que os prazeres mundanos mais grosseiros perdem sentido para nós.

Aprendemos, então, a dar valor à simplicidade da vida; contentamo-nos com pouca coisa; descobrimos que estamos rodeados de uma natureza maternal e acolhedora; e enxergamos a beleza e a utilidade em tudo aquilo que Deus coloca no nosso caminho. Nesse caso, vemos um sentido para tudo ao redor e nos esforçamos para melhorar a nós mesmos e, conseqüentemente, ao meio em que vivemos.

Valorizemos, pois, o espírito, e aproveitemos a vida de uma maneira mais produtiva e saudável, reconhecendo a importância de tudo que já foi conquistado, de modo a sermos mais felizes, mas de forma verdadeira.

Paremos para pensar sobre todas as coisas que temos: os pais e irmãos, que nos são estímulo e amparo; ou o companheiro ou companheira, e os filhos, que são alegrias e preenchem as nossas necessidades afetivas... Pensemos na nossa boa saúde, nas possibilidades que temos de fazer tantas coisas, ver a natureza, as pessoas, ir para lá ou para cá... No emprego, que nos dá o necessário para o sustento...

Você poderá estar dizendo que não tem nada disso, que está difícil viver.

Mas, ainda assim, com um pouco de boa vontade e otimismo, você encontrará boas coisas na sua vida, porque também da pobreza e da doença se pode tirar grande aprendizado.

E, no mínimo, você ainda tem a grande possibilidade de recomeçar a busca pela felicidade, porque é filho imortal de Deus e, por isso, terá todo o tempo do mundo pela frente.

Poder do amor

Um famoso senhor, com poder de decisão, gritou com o diretor de sua empresa porque estava com ódio naquele momento. O diretor, chegando a casa, gritou com a esposa, acusando-a de gastar demais com as compras do mês no supermercado.

A esposa gritou com a empregada, por não estar economizando material de limpeza durante a faxina. A empregada, nervosa, ao retornar a casa, tropeçou em um cachorrinho e o chutou.

O cachorrinho saiu correndo e mordeu uma velhinha que ia passando pela rua, porque estava atrapalhando a saída pelo portão. Essa senhora foi à farmácia para tomar vacina e fazer um curativo, **e** gritou com o farmacêutico, porque a vacina doeu ao lhe ser aplicada.

O farmacêutico, chegando a casa, gritou com a mãe, porque o jantar não estava do seu agrado. A mãe, tolerante, um manancial de amor e perdão, afagou-lhe os cabelos e beijou-o na testa, dizendo-lhe:

— Filho querido, prometo-lhe que amanhã farei seu prato favorito. Você trabalha muito, está cansado e precisa descansar. Vou trocar os lençóis da sua cama, pôr outros bem limpinhos e cheirosos para que você tenha uma boa noite de sono. Amanhã você irá se sentir bem melhor.

Abençoou-o e retirou-se, deixando-o sozinho com os seus pensamentos.

...

Diante dessa historinha, ficamos a pensar quantas vezes, dia após dia, nos deixamos envolver pela raiva e a descarregamos sobre aqueles que estão próximos de nós, quase sempre as pessoas que amamos.

Acabamos participando de uma corrente de ódio que vai se estendendo e produzindo mal-estar, tristeza, mágoas e fazendo a infelicidade de muitos. E nós, tão perturbados ficamos, que nem nos damos conta de que isso acontece conosco e com os demais.

Não está muito fácil viver hoje em dia. São tantos os problemas por que passamos atualmente, nesta sociedade com tanta gente junta, que os relacionamentos estão complicados, sentimo-nos então mais fracos, de tal modo que não somos capazes de suportar qualquer tipo de contrariedade.

As pessoas mais duras acabam colocando para fora os seus sentimentos de revolta e machucam as outras. As mais sensíveis ou fracas, embora também revoltadas, se entregam à tristeza e à depressão.

Tudo isso faz nascer um círculo vicioso, em que a raiva gera mais raiva, a doença gera mais doença, a miséria gera mais miséria. Enfim, é o mal que ganha força, gerando mais mal e fazendo-nos infelizes.

No entanto, está em nossas mãos colocar um fim em tudo isso, quebrar a cadeia do ódio que nos amarra uns aos outros na infelicidade, e começar a fazer da vida um motivo de alegria e crescimento.

É preciso, então, cultivar os bons sentimentos, que são como que a vacina contra as pestes da maldade que nos atormentam o coração. Todos nós sabemos bem quais são: a tolerância, a compreensão, a paciência e o perdão.

Não é fácil desenvolvê-los e mais difícil ainda é colocá-los em prática. No entanto, não temos escolha melhor. Se quisermos nos libertar do sofrimento, será necessário nos dedicarmos ao treino diário do Amor.

Assim, meu amigo leitor, se alguém, no dia de hoje, lhe dirigir uma ofensa, se não atender à sua necessidade, se lhe causar algum prejuízo, não se permita dar continuidade a essa cadeia de ódio.

Colabore com a sua paz para a paz mundial. Use do silêncio, da oração a Deus, e ofereça ao próximo um pouco de compreensão e tolerância, de paciência e perdão. Experimente, e verá como isso é bom.

Deus existe?

Um homem foi cortar o cabelo e a barba. Como sempre acontecia, ele e o barbeiro ficaram conversando sobre várias coisas, até que, por causa de uma notícia de jornal a respeito de meninos abandonados, o barbeiro afirmou:

— Como o senhor pode ver, esta tragédia mostra que Deus não existe.

— Como?

— O senhor não lê jornais? Temos tanta gente sofrendo, crianças abandonadas, crimes de todo tipo. Se Deus existisse, não haveria sofrimentos.

O cliente ficou pensando, mas o corte estava quase no final e resolveu não prolongar a conversa. Voltaram a discutir temas mais amenos, o serviço terminou e o cliente pagou e saiu.

Entretanto, a primeira coisa que o homem viu foi um mendigo, com barba de muitos dias e longos cabelos desgrenhados. Imediatamente, voltou para a barbearia e falou para a pessoa que o atendera:

— Sabe de uma coisa? Os barbeiros não existem.

— Como não existem? Eu estou aqui, e sou barbeiro.

— Não existem! – insistiu o homem. – Porque, se existissem, não haveria pessoas com barba tão grande e cabelo tão desgrenhado como o que acabo de ver na esquina.

— Posso garantir que os barbeiros existem. Acontece que este homem nunca veio até aqui.

— Exatamente! Então, contrariando o que você afirmou anteriormente, Deus também existe. O que se passa é que as pessoas não vão até Ele. Se O buscassem, seriam mais solidários e não haveria tanta miséria no mundo.

...

Ainda hoje, apesar do avanço intelectual da humanidade, é possível encontrar pessoas que não acreditam em Deus, como causa única de todas as coisas e das pessoas do Universo. São os materialistas, em regra orgulhosos, que não podem aceitar nada acima deles ou que seus atos estejam sujeitos ao julgamento de uma lei maior. Quando muito, admitem apenas aquilo que os sentidos podem avaliar.

De outro lado, existem aqueles que podemos

Terapia da Paz

chamar de incrédulos. Não negam, mas não estão totalmente convencidos da existência de Deus, até porque não conseguem compreender as aparentes injustiças sociais. Para esses, se Deus existir, é temperamental, porque dá saúde para uns e doenças para outros; riqueza para alguns e pobreza para muitos. Seria mais um humano superior do que propriamente um Deus.

A maioria, contudo, não tem dúvida a esse respeito. Há um sentimento natural nas pessoas sobre a existência de Deus. E as religiões surgiram exatamente porque as pessoas buscam entender melhor o Criador e Suas leis. Entre as religiões, que são caminhos para essa compreensão, há um consenso: o de que Deus é único e perfeito. Até mesmo os cientistas mais renomados acreditam nisso, já que estudam a natureza, que se mostra sábia e perfeita. O famoso cientista francês Louis Pasteur disse o seguinte: "um pouco de ciência nos afasta de Deus; muito, nos aproxima".

As pessoas medíocres ou orgulhosas ficam esperando que Deus se aproxime delas, para atender os seus pedidos. Quando resolvem pensar em Deus, querem que Ele apareça para que possam acreditar nele; e como prova de Seu poder, querem que Ele lhe solucione todos os problemas. Como Ele não aparece, desacreditam, e passam a viver um vida solitária e egoísta.

No entanto, os humildes e simples de coração sentem a presença de Deus em tudo que há na natureza.

Percebem que todos somos filhos d'Ele e que Ele sempre nos oferece as coisas de que precisamos. Sabem que se a sociedade ainda é injusta é porque nós não temos buscado Deus como deveríamos e nem temos vivido Suas leis de solidariedade e fraternidade.

Esses últimos são os mais felizes, porque a sua fé os fortalece diante dos problemas e das dificuldades, que sabem ser necessárias ao seu progresso. Já são melhores e procuram ajudar o mundo a ser também melhor.

Caridade

Um dia, um rapaz pobre que vendia mercadorias de porta em porta para pagar seus estudos viu que só lhe restava uma simples moeda de dez centavos, e tinha fome. Decidiu que pediria comida na próxima casa. Porém, ficou nervoso quando uma encantadora mulher jovem lhe abriu a porta. Em vez de comida, pediu um copo de água. Ela pensou que o jovem parecia faminto e assim lhe deu um grande copo de leite. Ele bebeu devagar e depois lhe perguntou:

— Quanto lhe devo?

— Não me deve nada – respondeu ela.

E continuou:

— Minha mãe sempre nos ensinou a nunca aceitar pagamento por uma oferta caridosa.

Ele disse:

— Pois lhe agradeço de todo coração.

Quando Howard Kelly saiu daquela casa, não só se sentiu mais forte fisicamente, mas também sua fé em Deus e nos homens ficou mais forte. Antes, ele já estava resignado a se render e a deixar tudo de lado.

Anos depois, essa jovem mulher ficou gravemente doente. Os médicos locais estavam confusos. Finalmente enviaram-na à cidade grande, onde chamaram um especialista para estudar sua rara enfermidade. Chamaram o Dr. Howard Kelly.

Quando escutou o nome do povoado de onde ela viera, uma estranha luz lhe encheu os olhos. Imediatamente, vestido com a sua bata de doutor, foi ver a paciente. Reconheceu imediatamente aquela mulher. Determinou-se a fazer o melhor para salvar aquela vida. Passou a dedicar atenção especial àquela paciente. Depois de uma demorada luta pela vida da enferma, ganhou a batalha.

O Dr. Kelly pediu à administração do hospital que lhe enviasse a fatura total dos gastos para aprová-la. Ele a conferiu e depois escreveu algo e mandou entregá-la no quarto da paciente.

Ela tinha medo de abri-la, porque sabia que levaria o resto da vida para pagar todos os gastos. Finalmente, abriu a fatura e algo lhe chamou a atenção, pois estava escrito o seguinte: "Totalmente pago há muitos anos com um copo de leite. (a) Dr. Howard Kelly".

Lágrimas de alegria correram-lhe dos olhos e o

coração feliz orou assim:

"Graças, meu Deus, porque Teu Amor se manifestou nas mãos e nos corações humanos."

...

A caridade é a manifestação do amor. Vai muito além do dever e dos interesses pessoais. É um ato de puro desprendimento, de consideração pela dor do próximo. A única recompensa que interessa a quem a pratica é a alegria e o bem-estar da pessoa ajudada.

Todo bem que fazemos, por mínimo que seja, atrai para nós o bem. É o efeito da lei de ação e reação. Mais cedo ou mais tarde, teremos o resultado do esforço para ser bons, honestos e trabalhadores.

Da mesma forma, quando semeamos espinhos e discórdias, miséria e destruição, haveremos de ser convocados à reparação dos nossos erros pela justiça humana ou pela justiça divina. E, sem dúvida, não gostaremos de passar pelo sofrimento necessário ao resgate das dívidas.

Hoje, quando o sofrimento toma conta de muitos lares, bem próximos de nós, devemos encontrar, na prática da caridade, uma grande oportunidade, uma bênção de Deus, para que possamos desenvolver a capacidade de amar e, assim, nos aproximarmos da felicidade.

Não só a caridade material de dar um prato de comida, uma roupa ou algumas moedas. Mas principalmente a caridade moral, de saber ouvir ou de confortar com palavras de bom-ânimo, de estar presente nas horas difíceis ou de ensinar o ignorante.

Sejamos capazes de compreender e auxiliar o próximo no alívio de seu sofrimento, porque, com certeza, também precisamos, ou um dia precisaremos, ser consolados por alguém ou por Deus.

Renovação

Um monge e seu discípulo seguiam de uma aldeia para outra e, cansados da longa e empoeirada viagem, pediram abrigo numa pequena propriedade. A família, composta do marido, da mulher e de quatro filhos adolescentes, acolheu com prazer os viajantes, dando-lhes banho, comida e alojamento num paiol.

Malgrado a gentileza da família, era visível o estado de abandono do sítio. Não havia plantação, a casa estava velha e mal cuidada e as cercas eram apenas alguns pedaços de pau amarrados com arames.

À noite, enquanto jantavam, o chefe da família falou da vida difícil que ali levavam, explicando que a única renda que tinham vinha da venda de leite de uma vaca que estava no pasto ao lado da casa.

Quando se preparavam para dormir, o discípulo disse ao monge:

— Mestre, como podem essas pessoas viver neste lugar tão mal cuidado? Será que realmente eles nada podem fazer para melhorar tudo isso?

O velho monge, já experimentado pela vida, respondeu:

— Não se preocupe, meu filho, quando os filhos de Deus não se dispõem a progredir, a vida se encarrega de forçá-los a isso. Vamos orar e dormir.

Pela manhã, agradecidos pela bondade da família, os dois partiram para o seu destino. Um ano depois, retornando pelo mesmo caminho, o monge e seu discípulo tiveram a grata surpresa de encontrar a propriedade toda renovada: a casa fora arrumada e pintada, a terra estava repleta de produtos e vários animais ali se encontravam.

A explicação sobre a evidente melhoria veio do pai:

— Sabe, monge, assim que vocês partiram, a nossa única vaca se atolou no brejo aqui perto e morreu. Na hora ficamos desesperados, sem saber o que fazer. Pedimos forças a Deus e começamos a trabalhar a terra; logo descobrimos uma fonte de água, e daí as coisas começaram a melhorar.

Naquela hora, o discípulo olhou para o Mestre e sorriu, compreendendo a lição.

...

O progresso é uma lei de Deus. Tudo evolui

e caminha para frente. Se não caminhamos com o progresso, estudando e trabalhando, o progresso nos empurra a trancos e solavancos.

Existem aqueles que são mais acomodados e preferem esperar que as coisas aconteçam, para depois ver o que fazem da vida. Certamente, sofrem muito mais, pois, geralmente, são pegos de surpresa.

Outros são ativos e trabalhadores e estão sempre buscando crescer e progredir materialmente. Fazem de cada novo dia um dia diferente. Preocupam-se com o bem-estar, com o conforto, com o seu patrimônio. Cuidam do corpo para que seja belo e elegante.

No entanto, há pessoas que sabem que, se é importante cuidar do corpo e da vida material, mais importante é tratar do espírito, que é a nossa essência. E tratar do espírito significa acrescentar conhecimentos e renovar emoções e sentimentos.

Mais valia tem o que somos do que o que temos. Porque o que temos na Terra é apenas empréstimo de Deus, para que possamos ser pessoas melhores e mais felizes, fazendo o próximo também feliz.

Então, a cada dia, é bom que paremos para nos perguntar: O que estou fazendo da vida que Deus me deu? Será que após esses anos todos eu já sou melhor do que antes? Será que fiz alguma coisa de bom para o próximo e para a sociedade? Será que as pessoas que vivem comigo gostam de mim? Será que eu as faço felizes?

Se você, caro leitor, não gostar das respostas, lembre-se de que cada minuto é uma grande oportunidade que Deus nos oferece para manifestarmos o amor que Ele colocou em nossos corações.

Comece agora a ser uma pessoa diferente, melhor.

Deseje, do fundo do coração, ser bom, alegre, bem disposto e trabalhador.

Seja sempre uma nova pessoa, melhor e mais feliz.

Luta interior

Um velho e sábio índio conversava com outros índios mais jovens e falou sobre os seus conflitos internos.

— Dentro de mim, existem dois cachorros. Um deles é cruel e mau. O outro, é muito dócil e bom. Os dois estão sempre brigando.

Então, um dos jovens índios lhe perguntou:

— E quem ganhará a briga?

O velho índio parou para refletir um pouco e respondeu:

— Aquele que eu alimentar.

...

Embora sejamos filhos de Deus, não saímos das mãos d'Ele perfeitos. Somos como uma pedra bruta, que precisa ser modelada, para se transformar numa obra de arte.

Deus quer que seja assim para que tenhamos o mérito da conquista. A vida diária nos mostra isso. Damos valor às coisas que conseguimos com dificuldades, luta e trabalho. E não nos importamos muito em cuidar daquilo que vem fácil. Basta lembrar quantos filhos perderam a fortuna que herdaram dos pais.

E não há privilégios na criação divina. Como Espíritos, todos fomos criados iguais, com as mesmas oportunidades de crescimento, que nos são apresentadas em momentos diferentes. Hoje, estamos na fartura, para aprendermos a ser caridosos; amanhã, poderemos estar na pobreza, para aprendermos a humildade. Hoje, temos a saúde, para trabalhar e estudar; amanhã, poderemos estar doentes, para desenvolver a paciência e a resignação.

Nessas diversas experiências, adotamos comportamentos que, muitas vezes, se mostram conflitantes. Algumas delas e com algumas pessoas, somos bons e amáveis. Outras e com outras pessoas, somos duros e cruéis. E será assim até que consigamos segurança e maturidade espiritual.

O cachorro mau representa as imperfeições, os vícios, enfim, o nosso lado sombrio, demoníaco. O cachorro bom representa as coisas boas que já conquistamos, o desejo de trabalhar, aprender e servir, enfim, é o nosso lado luz, o lado angelical.

Muita gente nem se preocupa se está fazendo alguém infeliz. Costuma dizer: sou assim mesmo e quem quiser que se mude. O que eu quero é ser feliz e os outros que se danem.

Mas, quem está pensando em ser uma pessoa melhor, em ser feliz e dar felicidade, não gosta desses altos e baixos, dessa luta do cachorro bom contra o cachorro mau. Sofre com isso, porque quase sempre é o cachorro cruel que acaba vencendo.

Quantas vezes desejamos ser tolerantes e bondosos, mas nos pegamos ofendendo as pessoas que nos contrariam? Quantas vezes queremos ser pacientes, mas logo estamos xingando e quebrando as coisas quando algo que queremos fazer não dá certo? E então, logo em seguida, vem o arrependimento, o remorso e o sofrimento.

Isso acontece porque ainda estamos alimentando mais o cachorro mau. Ele fica forte e vence a luta. O outro, o cachorro bom, enfraquecido, se acovarda e se esconde.

Por isso, é necessário mudar. Dar de comer ao animal bom, para que ele seja forte e corajoso, capaz de repelir os ataques do animal cruel.

E o alimento deve ser as porções de fé em Deus, que se adquirem na vivência de qualquer religião; os grãos de caridade, que se conseguem no trabalho de socorro e consolação aos aflitos; e os frutos de sabedoria, que se alcançam com o estudo e a reflexão.

Como se vê, cabe a nós mesmos amansar o nosso

interior: façamos um esforço enérgico, perseveremos no bem, usemos a disciplina, e, com certeza, conseguiremos ser uma nova pessoa, que administra bem os conflitos, vive em paz e respeita o próximo.

Eco da vida

Um filho e um pai caminhavam por uma montanha. De repente, o menino cai, se machuca e grita:

— Ai!

Surpreso, escuta sua voz repetindo-se em algum lugar: "Ai!"

Curioso, o menino pergunta:

— Quem é você?

E recebe como resposta: "Quem é você?"

Contrariado, grita:

— Seu covarde!

E escuta como resposta: "Seu covarde!"

O menino olha para o pai e pergunta, aflito:

— O que é isso?

O pai sorri e fala:

— Meu filho, preste atenção.

Então, o pai grita em direção à montanha:

— Eu admiro você!

A voz responde: "Eu admiro você!"

De novo, o homem grita:

— Você é um campeão!

A voz responde: "Você é um campeão!"

O menino fica espantado. Não entende.

E o pai explica:

— As pessoas chamam isso de ECO, mas, na verdade, isso é a vida. A vida lhe dá de volta tudo o que você diz, tudo o que você deseja de bom ou de mau aos outros.

...

Nós, os seres humanos, ainda somos meros aprendizes da vida. Podemos até dizer que, nos aspectos espiritual e emocional, somos iguais crianças, necessitamos ser alimentados e protegidos, pois, do contrário, podemos adoecer e morrer.

Assim, estamos acostumados a receber as coisas que satisfaçam as nossas necessidades e nos dêem prazer. E quando não nos dão, gritamos e choramos alto, reclamando os direitos que nos assistem.

Aprendemos, com isso, o significado do egoísmo. Querer ter tudo, guardar tudo e nada repartir. Por trás, há o medo de ficar sem nada, na miséria e de sofrer. Isso explica por que os ricos fazem tudo para ficar mais ricos, embora tenham o suficiente para viver confortavelmente centenas de anos, se fosse possível.

Mas chega o dia em que somos convidados ao crescimento, a conhecer os verdadeiros valores da vida e os mecanismos da felicidade.

Quando crianças, queremos receber. Ficamos felizes quando ganhamos presentes e quando nos enchem de carinhos e cuidados. Mas, quando crescemos, percebemos que dar presentes e fazer carinho nos dão mais prazer. E, radiantes de felicidade, vemos a alegria estampada nas pessoas.

Quando crianças, queremos ser amados e ter toda a atenção do mundo. Quando crescemos, nos damos conta de que amar plenamente, sem exigências e posses, realiza muito mais do que ser amado. Compreendemos, nesse momento, que a nossa felicidade depende da felicidade das pessoas que amamos.

Quando crianças, queremos ser desculpados pelos nossos erros e, nem sempre, somos capazes de desculpar os alheios. Mas, quando nos tornamos adultos espirituais, buscamos reparar os nossos erros e estamos sempre dispostos a perdoar. Isso porque percebemos que o perdão nos liberta e dá paz ao coração.

A historinha do início nos ensina que a vida é um grande eco, e nos devolve exatamente aquilo que lhe damos. A vida reage na mesma intensidade do como agimos em relação a ela. O que pensamos, falamos e fazemos é o que atraímos para nós mesmos.

Por isso, convém façamos uma análise da nossa

própria vida. Se não gostamos de alguma coisa ou se não somos tratados como queremos, talvez seja porque não estamos agindo corretamente. É possível que não tenhamos dado nada de bom para que a vida nos devolva coisas boas. Se as pessoas não nos tratam com bondade, talvez seja porque não somos, por nossa vez, agradáveis e bons.

Como podemos querer colher se nada semeamos? E como vamos querer colher frutos saborosos se o nosso plantio foi de espinhos? Deus é misericórdia, mas também é justiça. Dá a cada um conforme seu merecimento, pelo esforço e trabalho no bem.

Dessa forma, vamos dar para a vida trabalho honesto, paz, harmonia, solidariedade, e, com certeza, a vida nos devolverá os frutos do amor, do sucesso e da felicidade.

Raiva

Mariana, uma menina de 10 anos, ficou toda feliz quando ganhou de presente um joguinho de chá. No dia seguinte, a amiguinha Júlia veio bem cedo convidá-la para brincar. Mariana não podia, porque ia sair com a mãe. Então, Júlia lhe pediu que emprestasse o joguinho de chá para que ela pudesse brincar sozinha na garagem do prédio. Mariana não queria emprestar, mas a amiga insistiu muito e ela acabou concordando, fazendo questão de demonstrar todo o seu ciúme por aquele brinquedo tão especial.

Ao retornar, encontrou-o jogado no chão, todo quebrado e faltando peças. Chorando e toda nervosa, Mariana desabafou:

— Está vendo, mamãe, o que a Júlia fez comigo?

Emprestei o meu brinquedo, ela estragou tudo e ainda o deixou jogado no chão!

Totalmente descontrolada, Mariana queria porque queria ir ao apartamento de Júlia pedir explicações, mas a mãe, com muito carinho, ponderou:

— Filhinha, lembra-se daquele dia quando você saiu com seu sapatinho novo todo branquinho e um carro, passando, jogou lama nele? Ao chegar a casa, você queria lavar imediatamente aquela sujeira, mas a vovó não deixou. Você lembra do que a vovó falou?

— Ela falou que era para deixar o barro secar primeiro. Depois ficava mais fácil limpar.

— Pois é, minha filha! Com a raiva é a mesma coisa. Deixa a raiva secar primeiro. Depois fica bem mais fácil resolver tudo.

Mariana não entendeu muito bem, mas resolveu ir para a sala ver televisão. Logo depois, alguém tocou a campainha. Era Júlia, toda sem graça, com um embrulho na mão. Sem que houvesse tempo para qualquer pergunta, ela foi falando:

— Mariana, sabe aquele menino mau da outra rua que fica correndo atrás da gente? Ele veio querendo brincar comigo e eu não deixei. Aí ele ficou bravo e estragou o brinquedo que você havia me emprestado. Quando eu contei para a mamãe, ela ficou preocupada e foi correndo comprar outro brinquedo igualzinho para você. Espero que você não fique com raiva de mim. Não foi minha culpa.

— Não tem problema – disse Mariana – minha raiva já secou.

E, tomando a sua coleguinha pela mão, levou-a para o quarto para contar a história do sapato novo que havia sujado de barro.

...

A raiva, no estágio evolutivo em que nos encontramos, é um sentimento natural. Surge quando nos sentimos ofendidos, magoados ou contrariados. Quando ficamos com raiva, altera-se o nosso estado emocional e nos desequilibramos. Também o corpo se altera: o coração bate acelerado, o sangue sobe à cabeça, o estômago fica embrulhado e, algumas vezes, dá vontade de chorar.

O que diferencia as pessoas em relação à raiva é como conseguem lidar com ela. Algumas não têm qualquer controle sobre esse sentimento. Ficam revoltadas, gritam, ofendem, quebram as coisas, agridem e podem até matar. Outras não são capazes de nenhuma reação e engolem a ira, que se transforma em doença. Existem aquelas que explodem, mas logo a raiva passa e tudo volta ao normal; mas há também as que nunca esquecem a ofensa e carregam mágoas por toda a vida.

Quem não sabe lidar com a raiva sofre e faz sofrer. O melhor que se pode fazer é deixar a raiva secar, porque, então, fica mais fácil retirar.

Por isso, quando ela chegar, no primeiro momento é bom silenciar, para não nos arrependermos de uma reação impensada.

Em seguida, oremos a Deus pedindo forças para acalmar a mente e o coração, a fim de que possamos resolver o problema com serenidade.

Se for preciso, gastemos as energias negativas acumuladas fazendo esportes, caminhadas ou qualquer outra atividade física.

Finalmente, se alguém nos ofendeu, é indispensável usar o perdão, porque o perdão liberta e devolve a paz ao coração. Se possível, procuremos aquele que nos ofendeu e tentemos uma reconciliação, lembrando que Jesus sempre nos convida à fraternidade e à concórdia.

Forças ocultas

Certa vez, duas crianças estavam patinando num lago congelado. Era uma tarde nublada e fria, e as crianças brincavam despreocupadas. De repente, o gelo se quebrou e uma delas caiu, ficando presa na fenda que se formou. A outra, vendo o amiguinho preso e congelando, tirou um dos patins e começou a golpear o gelo com todas as forças, conseguindo, por fim, quebrá-lo e libertar o amigo.

Quando os bombeiros chegaram e viram o que havia acontecido, perguntaram ao menino:

— Como você conseguiu fazer isso? É impossível que tenha conseguido quebrar o gelo, sendo tão pequeno e com mãos tão frágeis!

Nesse instante, um ancião que passava pelo local comentou:

— Eu sei como ele conseguiu.

Todos perguntaram:

— Pode nos dizer como?

— É simples – respondeu o velho. – Não havia ninguém ao seu redor para lhe dizer que não seria capaz.

...

Nem sempre conseguimos avaliar as nossas forças, a nossa capacidade de realizar as coisas e de enfrentar as situações. Em regra, talvez por acomodação ou por complexo de inferioridade, nos achamos mais fracos do que realmente somos.

Por isso recusamos novos serviços ou experiências diferentes, apresentando mil desculpas. Por exemplo: Ah! eu não sou capaz de fazer isso; é melhor convidar outra pessoa. Não, não posso assumir esse compromisso, não tenho tempo! Quem sou eu!? Não tenho coragem!

É certo que não devemos ser pretensiosos e arrogantes, achando-nos preparados para fazer tudo e sempre alcançar o sucesso. Mas também não nos podemos menosprezar, pois somos todos humanos e possuímos a mesma origem divina. Se outros conseguem, nós também podemos.

Muitas vezes nos espantamos quando conseguimos enfrentar com coragem um acidente ou qualquer perigo. Agimos com rapidez, força e coragem que não imaginávamos possuir. Agimos por impulso, sem pensar. Porque, se tivéssemos pensado, ficaríamos paralisados de medo.

Isso mostra que podemos muito, que somos capazes de avançar, de ir além do que achamos possível. É preciso apenas confiar nisso, nas nossas potencialidades ocultas. Um pouco de fé em nós mesmos e em Deus já é suficiente para vencermos muitos obstáculos e provas que nos desafiam.

Viver é um eterno progredir. Caminhamos para frente, como um rio que segue na direção do oceano. Não podemos fugir dessa caminhada e resistir é sofrer, porque seremos empurrados pelos acontecimentos da vida.

Se não enfrentarmos as dificuldades e os problemas, não alcançaremos experiência, e, sem experiência, não se conseguem sucesso e felicidade. Não importa o que os outros pensam de nós. Vale, sim, que estejamos a cada dia desejando ser uma pessoa melhor e mais forte, que usa todo o seu poder para realizar coisas boas e contribuir para o progresso do mundo.

O convite é para que você, caro leitor, se sinta sempre cheio de boa vontade, de coragem e de confiança em si mesmo e, assim, seja capaz de vencer qualquer obstáculo que a vida lhe apresente.

Boa vontade

Tendo um homem adquirido uma fazenda, encontrou-se, dias depois, com um de seus vizinhos.

— O senhor comprou esta propriedade? – perguntou-lhe o vizinho em tom quase agressivo.

— Comprei-a, sim, meu amigo!

— Pois sinto dizer-lhe que vai ter sérios aborrecimentos. Com as terras, comprou também uma questão nos tribunais.

— Como assim? Não compreendo!

— Vou explicar. O proprietário anterior construiu uma cerca fora da linha divisória. Não concordo com a posição dessa cerca. Desejo defender os meus direitos e vou entrar com o processo na Justiça.

— Peço-lhe que não faça semelhante coisa – retorquiu o proprietário. – Acredito na sua palavra. Se a cerca não está no lugar devido, iremos e consertaremos tudo de perfeito acordo.

— O senhor está falando sério?

— É claro que estou!

— Pois se é assim – respondeu o reclamante –, a cerca ficará como está. O senhor é um homem honrado e digno. Faço mais questão de sua amizade do que de todos os alqueires de terra.

E os dois vizinhos, então, tornaram-se amigos inseparáveis.

...

Essa história nos faz lembrar quantas vezes brigamos por motivos banais ou por bens materiais, que não são mais importantes que a paz que queremos ter conosco e com o próximo.

Os nossos tribunais estão abarrotados de processos, que se arrastam no tempo, gerando conflitos e sofrimento, por questões que poderiam ser resolvidas muito facilmente se as pessoas tivessem um pouco de tolerância, desprendimento e boa vontade.

Amizades de muitos anos se dissolvem quando um dos amigos provoca prejuízo ao outro ou lhe causa uma contrariedade qualquer, sem que ambos se dêem a oportunidade do diálogo esclarecedor, do arrependimento e do perdão, porque o orgulho ferido fala mais alto.

Laços familiares sustentados pelos pais se rompem com o falecimento destes, porque os filhos resolvem disputar os bens deixados, esquecendo-se de que os pais trabalharam para deixar um patrimônio que lhes oferecesse amparo e felicidade, nunca desejando que as coisas pudessem motivar a separação.

Um gesto de compreensão é capaz de alterar o curso de uma situação de conflito, fazendo a paz retornar. E é indispensável para quem deseja evitar a guerra e viver pacificamente, buscando tirar da vida só as coisas boas que lhe proporcionem a felicidade.

De que vale conquistarmos vitórias na Terra, se, com isso, perdemos os valores que interessam verdadeiramente à alma. Tudo que é matéria se consome com o tempo, mas os sentimentos, as emoções e as relações humanas permanecem para sempre.

Vale, então, o nosso esforço para sustentar a paz com o vizinho, ainda que seja necessário abrir mão de alguma coisa. Os gestos de boa vontade, a compreensão, são atitudes que favorecem o entendimento e costumam sensibilizar o outro, que igualmente se mostrará mais propenso a uma reconciliação.

E todas as vezes que nos mostramos bondosos e compreensivos, Deus derrama sobre nós as Suas bênçãos e nos recompensa de forma multiplicada, como querendo nos mostrar que esse é o caminho para a felicidade.

Se você está em disputa com alguém, experimente agir assim e logo verá os bons frutos de sua atitude amorosa.

Uma nova chance

Havia um homem bastante rico que possuía muitos bens, uma grande fazenda, um considerável rebanho de gado, vários empregados, e um único filho, seu herdeiro. O filho gostava era de festas, de estar com seus amigos e de ser bajulado por eles. O pai sempre o advertia de que esses amigos só estariam ao seu lado enquanto tivesse o que lhes oferecer; depois o abandonariam.

Um dia, o velho pai, já avançado em idade, disse aos seus empregados para construírem um pequeno celeiro. Dentro dele, o próprio pai fez uma forca e junto a ela colocou uma placa com os dizeres: PARA VOCÊ NUNCA MAIS DESPREZAR AS PALAVRAS DE SEU PAI.

Mais tarde, chamou o filho, levou-o até o celeiro e lhe disse:

— Meu filho, eu já estou velho e, quando eu partir, você tomará conta de tudo o que foi meu... E eu sei qual será o seu futuro. Você vai deixar a fazenda nas mãos dos empregados e irá gastar todo o dinheiro com os seus amigos. Venderá todos os bens para se sustentar e, quando não tiver mais nada, seus amigos se afastarão de você. Só então você se arrependerá amargamente de não me ter dado ouvidos. Foi por isso que construí esta forca. Ela é para você! Quero que você me prometa que se acontecer o que eu disse, você se enforcará nela.

O jovem riu, achou um absurdo, mas, para não contrariar o pai, prometeu, pensando que jamais isso pudesse acontecer.

O tempo passou, o pai morreu, e ele tomou conta de tudo o que pertenceu ao velho pai.

Mas, assim como o pai havia previsto, o jovem gastou tudo, vendeu os bens, perdeu os amigos e até a própria dignidade. Desesperado e aflito, começou a refletir sobre sua vida e viu que havia sido um tolo. Lembrou-se das palavras do pai e começou a dizer:

"Ah, meu pai... Se eu tivesse ouvido os teus conselhos... Mas agora parece tarde demais."

Pesaroso, o jovem levantou os olhos e avistou o pequeno celeiro. A passos lentos, dirigiu-se até lá e, entrando, viu a forca e a placa empoeiradas. Então, pensou:

"Eu nunca segui as palavras do meu pai, não pude alegrá-lo quando estava vivo, mas, pelo menos desta vez, farei a vontade dele. Vou cumprir minha promessa. Não me resta mais nada..."

Ele subiu na escada, colocou a corda no pescoço e novamente pensou:

"Ah, se eu tivesse uma nova chance..."

Então se jogou do alto. Por um instante, sentiu a corda apertar sua garganta... Era o fim.

Mas o braço da forca era oco e quebrou-se facilmente. O rapaz caiu no chão e sobre ele caíram jóias, esmeraldas, pérolas, rubis, safiras e brilhantes, muitos brilhantes... A forca estava cheia de pedras preciosas. Um bilhete também caiu no chão e nele estava escrito:

"Esta é a sua nova chance. Eu o amo muito! Com amor, teu velho e já saudoso pai."

...

Quantas e quantas vezes nos damos conta dos nossos erros, muitos deles horríveis e dos quais nem queremos nos lembrar. Bate o arrependimento e o desejo de nunca ter feito o que fizemos. Se pudéssemos, voltaríamos no tempo e tomaríamos caminho diferente.

Mas, agora que tudo de errado aconteceu, não vemos saída e pensamos em abandonar a vida, entregando-nos ao suicídio. Não nos perdoamos e nem achamos que seremos perdoados por aqueles a quem ofendemos.

Porém, não podemos esquecer que, se Deus é Justiça, também é misericórdia. Não quer a morte do criminoso, mas, sim, do mal que há nele. Por isso, concede a todos nós renovadas oportunidades de reparação dos enganos e de crescimento ao encontro do Seu amor. Se isso não acontecer aqui e agora, acontecerá no futuro e em outros planos de vida.

Dessa forma, meu caro amigo leitor, não se entregue ao desespero ante as faltas cometidas. Humildemente e arrependido, siga adiante desejando somente fazer o Bem, confiando que Deus lhe oferecerá uma nova chance de conquistar a paz de consciência, que é o maior tesouro que podemos ter.

Somos deuses

Conta a lenda que os deuses da Grécia Antiga, temerosos de que os homens descobrissem seu próprio potencial e ciumentos de que, assim, pudessem chegar ao nível deles, também transformando-se em deuses, realizaram uma longa reunião para decidir qual seria a maneira mais concreta de ocultá-lo deles.

Várias foram as propostas. Houve quem pensou em esconder o potencial humano nos abismos mais profundos dos oceanos, mas foi lembrado que, no futuro, o homem penetraria o fundo dos mares.

Apresentou-se, também, quem propôs ocultá-lo nas montanhas mais altas da Terra, mas tal proposta não foi aceita, porque o homem, em um dia não muito distante, as escalaria.

Outro sugeriu esconder tal riqueza humana na Lua, mas salientou-se que o homem, no futuro, iria habitá-la.

Por fim, todos aceitaram uma estranha proposta: aquele poder incomensurável, o potencial humano, deveria ser escondido dentro do próprio homem.

Como justificativa para tal resolução, os deuses disseram:

"O homem é tão distraído e tão voltado para fora de si que nunca pensará em encontrar seu potencial máximo... dentro do próprio ser."

...

O ser humano ainda não se deu conta de sua natureza divina e de que a chave da felicidade está nas próprias mãos.

Por não acreditar nisso, procura como um louco ser feliz realizando obras exteriores e adquirindo coisas. Também pensa que são os outros que lhe podem dar a felicidade.

Quando não alcança o que quer, revolta-se, agride o próximo e a sociedade, ou, então, agride-se a si mesmo, entregando-se à tristeza e à amargura.

As coisas, as situações e as pessoas, em verdade, são estímulos para que possamos desenvolver as potencialidades que já temos em nós mesmos. Deus nos criou com todas as virtudes, mas em essência, como acontece com uma semente.

A semente se desenvolve e se transforma numa grande árvore, produzindo flores e frutos.

Para isso, porém precisa da terra fértil, da água, dos minerais, do oxigênio e, muitas vezes, dos cuidados do próprio homem.

Assim também somos nós. O crescimento interior requer que busquemos no exterior aquilo que é importante às nossas necessidades. Se ficarmos distraídos com inutilidades e coisas fúteis, não encontraremos o alimento necessário ao desenvolvimento da alma.

Para sabermos o que é verdadeiramente necessário, precisamos nos conhecer. Não falamos apenas do corpo, mas especialmente da alma. Quem sou eu? De onde vim e para onde vou? Como penso a vida? Como enfrento os problemas e as dificuldades? Do que sou capaz? Quais são as minhas reações e os meus sentimentos?

Esses questionamentos são indispensáveis a quem deseja crescer em busca da felicidade interior.

Quando eu me conheço, aprendo a lidar com as dificuldades, sei dos meus limites e procuro desenvolver as minhas potencialidades. Torno-me uma pessoa sincera e verdadeira, caminhando de forma segura e sempre para frente.

Portanto, a maior conquista que podemos alcançar é sobre nós mesmos; a vitória mais meritória é a que conseguimos sobre a nossa imperfeição; e a descoberta mais importante é a de que somos filhos de Deus, que aguarda o nosso esforço para nos dar o prêmio da comunhão com o seu amor.

O preço do amor

Uma tarde, um menino se aproximou da mãe e lhe entregou uma folha de papel com algo escrito.

A mãe parou o que estava fazendo e leu:

"Por cortar a grama do jardim, três reais; por limpar meu quarto esta semana, um real; por ir ao supermercado em seu lugar, dois reais; por cuidar de meu irmãozinho enquanto você ia às compras, dois reais; por tirar o lixo toda semana, um real; por ter um boletim com boas notas, cinco reais; por limpar e varrer o quintal, dois reais. Total da dívida: dezesseis reais."

A mãe olhou o menino, que aguardava cheio de expectativa. Finalmente, ela pegou um lápis e no verso da mesma nota escreveu:

"Por levar-te nove meses em meu ventre e dar-te a vida, nada; por tantas noites sem dormir, curar-te e orar por ti, nada; pelos problemas e prantos que me causaste, nada; pelo medo e pelas preocupações que me esperam, nada; por comidas, roupas e brinquedos, nada; por limpar-te o nariz, nada. Custo total de meu amor: nada."

Quando o menino terminou de ler o que a mãe havia escrito, tinha os olhos cheios de lágrimas. Olhou nos olhos da mãe e disse:

— Eu te amo, mamãe!!

Logo após, pegou um lápis e escreveu com uma letra enorme: Totalmente pago.

...

O egoísmo e o interesse pessoal têm sido o grande empecilho ao progresso moral dos seres humanos. Pensa-se muito em si mesmo, na felicidade individual e dos familiares, nas vantagens que se podem levar, e esse tipo de atitude tem contribuído para manter as diferenças sociais e o sofrimento de muitas pessoas desfavorecidas.

O medo de não possuir ou de perder faz com que sempre se pense que o trabalho e o tempo devem ter um preço. Filhos são criados com esse pensamento e o capitalismo faz questão de alimentar as necessidades da pessoa. Acaba-se por acreditar que felicidade tem a ver com dinheiro, coisas e poder.

Pessoas são infelizes porque não possuem coisas ou porque não as têm quanto gostariam. Algumas passam a trabalhar como loucas para comprar, enquanto outras acham melhor roubar. Triste será para elas perceber que estão enganadas.

A felicidade, a paz e a harmonia são sentimentos íntimos que não dependem do que se tem. A vida nos mostra essa realidade. Existem milionários que, apesar de todo o dinheiro, não conseguem se livrar de terríveis doenças e nem da dor da perda de uma pessoa querida. Os filhos dos poderosos, muitas vezes, trocariam a vida luxuosa para terem consigo, mais próximos, os pais que só fazem trabalhar.

Porém, depois da decepção e do sofrimento, todos percebem que o que dá felicidade de verdade não tem preço e nem se pode avaliar. Quanto será que vale a dedicação dos pais, a saúde do corpo, o sorriso de uma criança, a beleza do pôr do Sol, a alegria da amizade ou o preenchimento do amor?

Como ensinaram Jesus e Francisco de Assis, há mais felicidade em dar do que em receber; em amar, do que em ser amado. Quando conseguirmos sentir essa verdade dentro de nós, compreenderemos por que existem tantas pessoas que se dedicam ao próximo sem esperar nada em troca, que fazem tudo para ver o sorriso de alguém ou que trabalham para o bem-estar social.

Se você, caro leitor, está entre aqueles muito preocupados com as coisas da Terra, este é um convite para a reflexão. Pare por alguns instantes e pense se está valendo a pena e se é isso mesmo que ainda quer. Se achar que não, hoje é o momento certo para começar mudanças. Se achar que está tudo bem, saiba que Deus o aguardará com a infinita paciência.

Cegueira espiritual

Um mendigo cego, como de costume, estava sentado às portas de um templo, aguardando a saída dos fiéis para rogar ajuda, confiante de que eles seriam mais caridosos após o sermão.

Todos os dias, um rico se aproximava do mendigo e depositava uma moeda em sua latinha.

O infeliz cego agradecia humildemente a doação, mas, quando percebia estar sozinho, jogava fora a moeda. E jogava bem longe, para que nunca mais pudesse alcançar, xingando o avarento milionário que lhe dava sempre uma insignificante moedinha.

Com o passar de um ano, o homem rico quis saber do ceguinho qual o fim que dera aos seus valiosos donativos.

— Ora – respondeu o pedinte –, o que poderia eu fazer com uma simples moedinha, a não ser jogá-la fora, para ninguém notar quanto envergonhado eu ficava com tamanha humilhação?

O bom cristão veio, então, com uma inesperada lição, que fez o mendigo se conscientizar de sua grande ignorância.

— Se você tivesse guardado cada moeda de ouro que lhe dei, hoje teria um quilo do mais puro ouro, o suficiente para resolver a sua situação de miséria.

...

Existe a cegueira dos olhos materiais, que sem dúvida é uma dolorosa expiação. No entanto, pior mesmo é a cegueira espiritual, que converte as pessoas em mendigos orgulhosos, que não aceitam as ofertas generosas que a vida lhes oferece.

A natureza costuma ser pródiga, concedendo-nos sempre os melhores recursos para o nosso bem-estar. Tudo nos dá com abundância, como querendo nos mostrar como Deus é bom e amoroso.

Geralmente, porém, abusamos da benevolência divina e destruímos essa fonte de bênçãos.

A água pura dos rios é poluída com produtos químicos, com esgoto e com coisas velhas que jogamos nela. O ar é saturado com as fumaças que soltam os veículos e as indústrias. As florestas são devastadas pela ganância e pela irresponsabilidade. As riquezas minerais são exploradas sem controle, deixando o solo entregue a terríveis erosões. E até o nosso corpo, principal riqueza que Deus nos concedeu, é entregue aos vícios e abusos de toda espécie.

Porque queremos tudo e muito, não somos capazes de usufruir do pouco do dia-a-dia e não acreditamos que Deus ampara todo aquele que tem fé e prossegue trabalhando honestamente.

Os cegos pela ganância e pela ambição ficam esperando a sorte grande e sempre usam dos meios mais ilícitos para alcançar seus objetivos. Recusam alertas, contrariedades e conselhos, porque para eles a realização pessoal está acima de tudo.

Esses não percebem que as coisas da Terra são patrimônio de Deus, que as transfere de mãos conforme entende necessário. Basta se lembrar quantos ricos de ontem, hoje são pobres, e quantos pobres se tornaram ricos.

Hoje em dia, muitos doentes dos olhos voltam a enxergar, porque a medicina avançou na técnica cirúrgica. Mas, para a catarata espiritual, Deus costuma usar o bisturi do sofrimento.

Portanto, sejamos capazes de manter os olhos da alma bem abertos, para enxergarmos com clareza a vida e suas bênçãos, de modo a não lamentar, no futuro, ter jogado fora as moedinhas da nossa felicidade.

Os três filtros

Pai e filho, na tentativa de purificar a água que utilizavam em casa, resolveram construir três filtros com carvão. Depois de prontos, fizeram o teste e o pai comentou:
— Veja como a água está limpa! Todas as impurezas ficam nos filtros. A sujeira que consegue passar por um, fica no segundo ou no terceiro, e o resultado final é maravilhoso!

A mãe, ouvindo o comentário do pai, aproveitou a oportunidade e disse:
— Há, também, três filtros que podemos construir dentro de nós e são o que de mais precioso alguém pode ter, ao pensar que está ajudando ou prejudicando alguém. E não precisam ser de carvão. São os filtros da Verdade, da Bondade e da Utilidade. Assim como

você, meu filho, viu o resultado do uso do filtro de carvão, um dia vou lhe mostrar o que acontece quando utilizamos esses outros filtros que carregamos dentro de nós.

Passado algum tempo, o menino voltou da escola e veio comentar com a mãe um fato, num tom sensacionalista:

— Mãe, sabe o que disseram da família do Nelsinho?!

— Bem, meu filho, chegou a hora de usar os três filtros internos de que lhe falei naquele dia. Comecemos com o filtro da Verdade: você tem certeza de que o que vai me contar é verdade?

— Bem... não sei, não.. só estou repetindo o que disseram.

— Agora vamos passar pelo filtro da Bondade: mesmo que fosse verdade, você gostaria que falassem isso da sua família?

— Claro que não!

— Finalmente, usemos o filtro da Utilidade: você acha útil e necessário passar essa notícia adiante?

— Não, mamãe. Pois é... agora compreendo os nossos filtros internos e procurarei me lembrar sempre deles.

...

O ser humano possui uma importante virtude, que é a curiosidade. A curiosidade se revela no interesse de conhecer e aprender as coisas. É por causa dela que ocorrem os descobrimentos, as invenções, a cura para as doenças e a criação dos objetos que tornam a vida mais confortável. Portanto, sem curiosidade não há evolução.

Infelizmente, nem todos aprenderam a usá-la de forma correta. Em vez de se preocuparem em conhecer as coisas boas, estão muito mais interessados em saber da vida alheia, especialmente dos acontecimentos negativos. Por isso que atraem tanta atenção as revistas e programas de televisão que vivem a bisbilhotar os outros, especialmente os artistas e as autoridades.

Nenhuma utilidade tem para nós o conhecimento das desgraças alheias. Se conseguirmos cuidar dos nossos problemas, já teremos feito uma grande coisa para a própria felicidade e a felicidade do próximo.

Pior mesmo é quando não guardamos para nós o resultado da curiosidade doentia. Como o vento, levamos adiante os acontecimentos que nos chegaram aos ouvidos, sem preocupação com a verdade e sem misericórdia para com o infeliz, alvo de nossa maledicência.

Por isso, meu amigo, se você quer aprender a usar melhor o seu tempo, antes de se entregar a comentários sobre a vida do próximo, use os filtros da VERDADE, da BONDADE e da UTILIDADE.

Com isso, você terá a certeza de que nunca se arrependerá das palavras que saírem de sua boca.

Como Deus é

Quando o irmão nasceu, Gabriela insistia com os pais para ficar sozinha com o bebê. Temendo que, como muitas crianças de quatro anos, estivesse enciumada e quisesse maltratá-lo, eles não deixaram.

Mas ela, Gabi, não dava mostra de ciúmes. E como sempre tratava o bebê com carinho, os pais resolveram fazer um teste. Deixaram Gabi com o recém-nascido e ficaram observando seu comportamento através de uma porta semi-aberta.

Encantada por ter o desejo realizado, a pequena Gabi aproximou-se do berço na ponta dos pés, curvou-se até o bebê e disse:

— Me diz como Deus é! Eu já estou esquecendo!

...

Todos os povos têm a crença natural de que existe um Ser Superior, que nos criou e criou todas as coisas. Não importa qual seja o nome que se dê a Ele: Deus, Pai, Criador ou Arquiteto Universal.

Também fazemos idéias diferentes sobre como Ele é: uma Lei que rege toda a vida; uma força da natureza; uma inteligência suprema; um homem perfeito, barbudo e de cabelos brancos; uma Luz etc...

De qualquer forma, queremos definir o que ainda para nós é indefinível. Seria mais ou menos como uma formiga querer entender a existência do ser humano. Falta-lhe consciência.

No entanto, apesar disso, quase sempre esquecemos que Ele existe. Quando lembramos, costuma ser apenas para pedir socorro nas horas difíceis. E olha que somos exigentes, porque se Ele não nos atende, nos revoltamos e nos esquecemos dEle cada vez mais.

Isso mostra o quanto somos ignorantes. O orgulho nos faz crer que Deus precisa de nós, quando, na verdade, somos nós que precisamos dEle para a nossa felicidade. Se somos infelizes, é porque estamos distantes do Pai.

A Filosofia, por mais que tenha tentado entender a razão da vida e dos seus problemas, não conseguiu dar ao homem a paz interior; a Ciência, que cada vez mais desvenda as leis da natureza, não foi capaz de acabar com o sofrimento da humanidade. E mesmo as Religiões ainda não se entenderam quanto aos caminhos que levam a Deus, porque disputam para si a verdade e a representação divina.

O que falta ao ser humano não é religião, porque hoje temos muitas, para todas as formas de crença. O que falta é religiosidade, ou seja, é a Sua presença, de forma permanente, em nossos corações e nas nossas atitudes.

E Jesus, o irmão maior entre nós, deixou o roteiro seguro para a vivência de Deus: Amar o próximo como a nós mesmos; fazer a ele todo o bem que queremos para nós mesmos.

É justamente fazendo o Bem ao próximo que conheceremos a Deus e, por conseqüência, encontraremos a felicidade. E o Bem se faz em qualquer lugar e situação. Pode-se agasalhar quem tem frio; dar pão ao que tem fome; ensinar o ignorante; cumprir os seus deveres; curar uma ferida; ouvir o aflito; acolher os abandonados; ou reeducar os criminosos.

A lista do bem é longa e podemos fazer aquilo de que temos condições. Quem pode muito, que faça o muito; quem pode pouco, faça o pouco, mas que cada um de nós faça alguma coisa para minorar o sofrimento alheio, pois é assim que vamos transformar a sociedade.

Com certeza, depois disso, compreenderemos que

Deus é amor e que por amor nos coloca todos juntos, para que possamos nos ajudar uns aos outros e logo estar com Ele, definitivamente, em nossos corações.

Aparências

Um casal e seus três filhos foram passar o dia na praia. As crianças construíam um castelo de areia junto à água quando, então, surgiu no horizonte uma anciã, com cabelos desgrenhados, roupas sujas e esfarrapadas, agitadas pelo vento, balbuciando frases desconexas, revolvendo o chão, catando e colocando coisas em uma bolsa.

A reação foi instintiva e imediata. Os pais chamaram as crianças, recomendando que não se aproximassem da velha.

Quando ela passou junto a eles, inclinando-se outra vez para recolher objetos pelo chão, voltou-se e sorriu para todos, cumprimentando-os. A família silenciou e não retribuiu a saudação.

Algumas semanas mais tarde, souberam que essa

senhora há anos dedicava todo o tempo limpando as praias dos cacos de vidros, para que as crianças e os banhistas não ferissem os pés.

...

As aparências enganam, mas nós costumamos nos impressionar com elas. E, por causa disso, muitas injustiças cometemos, magoando as vítimas das nossas falsas percepções e dos nossos medos.

Se o criminoso se mostra bem vestido e fala bonito, receberá atenção e respeito. Mas se o cidadão usa roupa simples e é pobre, será tratado com descaso e até humilhado.

O filho do rico, que se embriaga e usa drogas, é apenas um jovem que quer ter experiências diferentes e deve ser auxiliado. O filho drogado de uma família pobre é um perigo para os nossos filhos e merece a prisão.

Isso acontece porque fomos criados acreditando em rótulos e padrões sociais. O exterior sempre mereceu de nós maior consideração do que o interior. Vivemos mais em função de agradar a sociedade do que preocupados em ser nós mesmos.

E, para isso, usamos máscaras, conforme a situação e as conveniências.

Com os poderosos, somos submissos e agradáveis; com os subalternos, somos duros e cruéis. Na rua, respeitamos os policiais, por medo da prisão; em casa, porém, escondidos entre quatro paredes, ofendemos a mulher e os filhos.

Mas, agindo assim, nunca seremos felizes.

A insegurança e a insinceridade, a covardia e a hipocrisia não se suportam por muito tempo. Logo tudo desmorona ao nosso redor.

Onde estivermos, seja qual for a situação, sejamos nós mesmos. Dentro de casa ou fora dela; ante os poderosos e os humildes, tenhamos a mesma conduta, uma mesma personalidade e maneira de agir. Com isso, as pessoas saberão como lidar conosco.

Por outro lado, não nos deixemos levar pela aparência do próximo e nem pelas primeiras impressões.

Sejamos prudentes e tolerantes, permitindo-nos conhecer melhor a pessoa com quem estamos mantendo relacionamento. Ela vale pelo que é por dentro e não pelo exterior que revela.

Não nos deixemos envolver pela paranóia do medo e da desconfiança que parece crescer na sociedade de hoje.

Embora sempre cautelosos para não ser pegos nas armadilhas do mal, sejamos capazes de ver, em cada um que cruzar o nosso caminho, um irmão que, como nós, tem dificuldades e virtudes e que também está à procura da felicidade.

Poder dar

Ao sair do escritório, Paulo viu que um menino admirava seu carro novo, estacionado junto ao meio-fio.

— É seu este carro, moço? – perguntou ele.

Paulo fez sim com a cabeça e respondeu:

— É, meu irmão me deu de presente de aniversário.

— Você quer dizer que nada pagou por esse carrão bonito? Puxa, eu adoraria...

O menino fez uma pausa e Paulo pensou que ele iria dizer que gostaria de ter um carro igual aquele.

E o menino continuou:

— ... eu adoraria ser um irmão assim.

Paulo ficou espantado com aquela afirmação do menino e o convidou para dar uma volta no carro.

Depois de um rápido passeio, o menino vira-se para Paulo, com os olhos brilhantes:

— O senhor poderia passar em frente a minha casa?

Paulo sorriu e pensou que o menino queria que seus vizinhos o vissem voltar para casa num belo automóvel. Mas, se enganou novamente.

— Poderia o senhor parar lá, em frente àqueles dois degraus? – pediu o menino.

O menino entrou na casa e voltou devagar, trazendo seu pequeno irmão doente. Abraçado ao irmão e mostrando o carro com o dedo, lhe disse:

— Veja aqui, o que eu disse lá em cima. O irmão dele lhe deu de aniversário e não lhe custou nada. E eu, um dia, vou dar um parecido... Então, você poderá ver todas as coisas belas nas vitrines das lojas, que eu tento descrever.

Paulo, emocionado, levantou o menininho e o colocou no banco da frente do carro. O irmão se sentou ao seu lado e eles saíram os três, para um memorável passeio.

Nesse dia, Paulo compreendeu o que Jesus quis dizer quando afirmou que há mais felicidade em dar do que em receber.

...

Nós estamos muito acostumados à idéia de que a felicidade está em receber amor, benefícios e presentes. Por isso, quando não nos dão as coisas ou as perdemos, ficamos extremamente entristecidos.

Isso é muito ruim, porque vivemos em função dos outros e dos acontecimentos. Nosso humor se altera tão facilmente quanto as circunstâncias e o próprio humor dos outros.

Quase sempre, então, passamos os dias ansiosos, aguardando que o destino e as pessoas nos ofereçam momentos de felicidade.

Felicidade é semeadura que fazemos no campo da vida. Ninguém colherá se não plantar.

Assim, se queremos ter amigos que nos façam felizes, devemos conquistá-los com atitudes de atenção, respeito e carinho.

Se queremos ter um emprego e remuneração suficiente, devemos trabalhar com dedicação e eficiência.

Se desejamos adquirir sabedoria, é preciso que nos entreguemos com disciplina ao aprendizado.

Enfim, se queremos ter amor, devemos dar amor.

Quando fazemos essa descoberta, compreendemos que a nossa felicidade está simplesmente em realizar algo de bom, em construir para o bem coletivo, em ajudar alguém.

E assim será, mesmo que não haja reconhecimento, porque sabemos que o Bem está dentro de nós e nos aproxima de Deus, que nos oferecerá a verdadeira felicidade.

Defeitos

Um homem tinha dois potes para água e ele os transportava nos ombros, cada um pendurado numa ponta de um cabo de madeira. Um dos potes era rachado e, quando o homem voltava para casa, estava sempre pela metade, pois a outra metade da água se perdia pelo caminho.

O pote rachado se sentia envergonhado, por nunca conseguir fazer o serviço direito. Além disso, era humilhado pelo outro pote, que se mostrava orgulhoso de seu desempenho.

Depois de algum tempo, não suportando mais aquela situação, o pote rachado disse ao homem que era melhor deixá-lo de lado e arrumar um outro pote que conseguisse fazer o serviço melhor do que ele.

E o homem disse ao pote:

— Hoje, quando formos novamente buscar água, quero que você veja o caminho de volta.

E assim fizeram. O pote, então, observou que em todo o caminho do seu lado havia flores, ao passo que do outro lado, o do pote inteiro, nada havia.

O homem explicou ao pote:

— Eu sempre soube do seu defeito, e resolvi me aproveitar dele. Assim, plantei sementes de flores do seu lado e, cada dia, enquanto eu volto do riacho, você as rega. Por dois anos eu tenho sido capaz de colher estas lindas flores para decorar a mesa. Se você não fosse do jeito que é, nunca iria ter esta beleza para agraciar a casa.

...

Ninguém nesta Terra é perfeito. Todos estamos aqui para aprender e crescer, desenvolvendo as potencialidades de amor e sabedoria. Deus, que é o nosso Criador, sabe da nossa imperfeição e nos concede muitas oportunidades de aprendizado.

Seja qual for a situação ou o local onde estivermos, haverá sempre como tirarmos boas lições. Quem parar para analisar e refletir sobre tudo o que acontece ao seu redor, crescerá em espírito e será muito mais feliz.

Por isso, quando percebermos que o próximo tem algum defeito, não devemos desprezá-lo e muito menos submetê-lo à humilhação. Pelo contrário, devemos nos valer das suas possibilidades, ajudá-lo a crescer conforme as suas possibilidades.

Afinal de contas, nós também carregamos

imperfeições e precisamos ser compreendidos e ajudados pelos outros, para que possamos igualmente crescer.

O mundo em que todos os seus habitantes sejam perfeitos é um mundo de anjos, e estamos ainda longe de alcançar essa condição.

Também não somos todos iguais. E Deus nos coloca juntos para que possamos nos ajudar uns aos outros. O que eu sei, ensino ao meu semelhante. E o que não sei, aprendo com ele.

Isso faz parte da lei de solidariedade, que todos devemos cultivar, se quisermos um mundo melhor.

Tenhamos um pouco mais de paciência com as limitações do próximo. Usemos tolerância diante das falhas e dos erros. E ofereçamos perdão quando formos ofendidos.

Mas em relação a nós mesmos, procuremos nos manter íntegros o quanto possível, dando para a sociedade o máximo que temos, semeando flores de bondade e amor pelos caminhos que passarmos.

A verdade

A Verdade visitava os homens, sem roupas e sem adornos, tão nua quanto o seu nome. Todos os que a viam viravam-lhe as costas de vergonha ou de medo, e ninguém lhe dava as boas-vindas. Assim, a Verdade percorria os confins da Terra, rejeitada e desprezada.

Numa tarde, muito desolada e triste, encontrou a Parábola, que passeava alegremente, num traje belo e muito colorido.

— Verdade, por que estás tão abatida? – perguntou a Parábola.

— Porque devo ser muito feia, já que os homens me evitam tanto!

— Que bobagem – disse a Parábola, sorrindo. – Não é por isso que os homens te evitam. Toma, veste algumas das minhas roupas e vê o que acontece.

Então, a Verdade pôs algumas das lindas vestes da Parábola e, de repente, por onde passava era bem-vinda.

Então, a Parábola falou:

— O que acontece é que os homens não gostam de encarar a Verdade nua. Eles a preferem disfarçada!

...

A busca da Verdade é o objetivo de todos nós. Referimo-nos à busca do conhecimento, das leis eternas, do certo e do errado. É esse conhecimento que nos elevará a Deus. Foi isso que Jesus quis dizer com suas palavras: "Conhecereis a verdade e a verdade vos libertará".

Assim, nós erramos, e ficamos presos às conseqüências dos nossos atos, porque ainda não aprendemos a fazer o certo, a seguir o caminho do Bem. Então, vem o sofrimento para nos despertar e ensinar.

Por mais que a verdade nos faça sofrer, é preferível ouvi-la a ficarmos envolvidos pela mentira, já que, mais cedo ou mais tarde, ela será revelada.

No entanto, nem todos estão preparados para ouvir a verdade nua e crua.

Algumas pessoas não têm estrutura emocional para encarar a realidade. Outras não têm capacidade de compreensão, por deficiência intelectual. E outras, ainda, por orgulho, se recusam a falar e a ouvir sobre a verdade.

Dessa maneira, quando somos compelidos a falar

a verdade, devemos revestir nossas palavras com as roupas da compreensão, da tolerância e da bondade, para que ela possa ser compreendida e aceita.

Poderíamos dizer que ela é como um grande diamante. Se oferecermos essa jóia de elevada pureza e resistência a alguém, devemos colocá-la numa almofada e entregá-la suavemente, para que possa ser bem recebida. Mas, se a atirarmos contra a pessoa, é bem possível que a machuquemos.

Muitos se acham seus defensores, dizendo-se autênticos e sinceros e, por isso, se tornam palmatórias do mundo. Não percebem, porém, que, assim, vivem a machucar as pessoas, afastando-as de sua convivência. Podem ser mesmo sinceros, mas também são duros e cruéis.

Somente Deus possui a verdade absoluta e Ele sempre usa da misericórdia para nos apresentá-la, pouco a pouco, de acordo com a nossa capacidade de compreensão.

Portanto, para falar a verdade é preciso, primeiro, ter a sabedoria de saber falar, para colocar as palavras certas nas horas certas.

É preciso, também, ter amor no coração, entender a natureza humana e suas necessidades, para conquistar a simpatia daquele que está em erro e, dessa forma, poder ampará-lo nos enganos e sofrimentos.

Ódio e vingança

Um pobre homem foi esmolar na casa de um rico. Este nada lhe deu e exclamou:
— Põe-te fora daqui!
Mas o pobre não se moveu.
Então o rico enfureceu-se e deu-lhe uma pedrada.
O pobre apanhou a pedra, apertou-a contra o peito e disse:
— Vou guardá-la até que, por minha vez, te possa apedrejar.
Passou-se o tempo. O rico praticou um crime, foi levado à prisão e perdeu tudo o que tinha.
Vendo o rico preso e desprezado, o pobre aproximou-se dele, puxou a pedra que sempre trouxera consigo junto ao peito e ergueu a mão para

atirá-la. Mas, refletindo, deixou-a cair, e disse:

— Foi inútil conservar durante tanto tempo esta pedra. Quando ele era rico e poderoso, eu o temia; agora, faz-me pena e compaixão.

...

O ódio, o rancor e a mágoa são como pedras que carregamos conosco, esperando, um dia, poder jogá-las de volta contra aqueles que nos ofenderam.

Sem dúvida que podemos fazer isso, mas sofremos carregando essas pedras e não nos livramos da possibilidade de elas serem novamente jogadas contra nós.

Cultivar o ódio é uma atitude infeliz, porquanto alimenta o mal e perpetua o sofrimento. Quem odeia, sofre e pode também fazer sofrer. A vingança mantém um círculo vicioso. Hoje alguém me agride, amanhã sou eu que o agrido, e depois novamente ele me agride, numa seqüência de ódio que pode mesmo se estender além desta vida.

Por mais que nos prejudiquem, não devemos nos vingar. Para punir e reeducar quem erra existe o Poder Judiciário. E se o criminoso conseguir escapar da justiça dos homens, certamente não escapará da justiça de Deus.

Por outro lado, aproveitamos as contrariedades da vida para fortalecer o espírito, de modo que nada perturbe a nossa paz interior.

Certo homem caminhava apressado pela rua quando se chocou com outro que igualmente andava rápido. O que foi atingido olhou para o homem meio contrariado, mas este lhe disse: se o errado fui eu, por favor me desculpe, mas se foi você, está desculpado, e sigamos o nosso caminho.

Parar para revidar ofensas será sempre perda de tempo e motivo de mais sofrimento. Foi por isso que Jesus nos recomendou perdoar aos inimigos até setenta vezes sete vezes, quer dizer, perdoar sempre, porque o perdão é um bem que fazemos para nós mesmos, já que o ofensor permanecerá em débito com a Justiça.

As guerras entre os países e os nossos conflitos pessoais existem porque ainda não aprendemos a usar o perdão. Sem ele não há paz, social ou individual. E perdoar significa compreender, tolerar e ter paciência.

É certo que podemos tentar um entendimento, dialogar para esclarecer e educar, mas não é bom que usemos da agressão, porque igualmente estaremos atraindo para a nossa vida agressão e sofrimento.

Portanto, se você carrega pedras pesadas de ódio e de ressentimentos, pare um pouco para refletir se está valendo a pena.

Ore a Deus, pedindo inspiração e forças para se libertar desse sofrimento.

Tenho certeza de que você conseguirá.

Os três amigos

Era uma vez um homem que tinha três amigos. A todos dedicava grande interesse e não os esquecia um só momento. Um dia, o homem foi chamado a comparecer ao Tribunal, perante o grande Juiz.

Assustado, na incerteza do que poderia acontecer, procurou o primeiro amigo e pediu-lhe auxílio.

— Nada posso fazer em teu favor – respondeu o primeiro amigo. – Pagarei apenas as despesas de tua viagem.

O homem, então, recorreu ao segundo. Este lhe disse:

— Tenho muito medo desse Juiz que vai decidir sobre o teu destino. Só posso levar-te, meu caro, até a porta do Tribunal.

Diante do embaraço em que se achava, apelou o homem para o último amigo que lhe restava.

O terceiro amigo atendeu sem hesitar ao pedido do homem; acompanhou-o até a presença do Juiz e esforçou-se com dedicação e carinho pela sua absolvição.

Sabe quais são os três amigos do homem?

O primeiro é o Dinheiro; o segundo, a Família; e o terceiro, as Boas Ações.

Quando o homem morre e é levado ao Tribunal de Deus, o Dinheiro não o acompanha; a Família vai levá-lo até o cemitério; as Boas Ações é que vão com ele até o Supremo Julgador.

...

Essa história, apresentada pelo contista brasileiro Malba Tahan, traz uma verdade. Sem dúvida, encontramos no dinheiro e na família grandes amigos que nos ajudam a crescer.

O dinheiro, bem aproveitado, conduz ao progresso social e dá conforto e segurança às pessoas. Com o dinheiro bem distribuído, há saúde, educação, moradia e lazer. E estando as pessoas satisfeitas nas suas necessidades, diminuem-se os furtos, os assassinatos e a violência, estabelecendo-se a paz na sociedade.

Por outro lado, a família bem estruturada é fonte de alegria, de conforto emocional, e fortalece o coração. Os familiares partilham conosco os momentos felizes e também os momentos difíceis. Por isso, há em nós um desejo de constituir família e viver com ela.

É claro que poderíamos acrescentar a essa história outros amigos igualmente importantes. Como os companheiros de jornada, a religião e a escola. Todos participam da nossa vida e precisamos deles. Não conseguimos viver ou ser felizes sozinhos.

Algumas experiências são muito pessoais e não poderemos transferi-las para ninguém, pois são necessárias à evolução.

Nascer, aprender, sofrer e morrer são situações diferentes para cada um. Mesmo a alegria é algo que nos pertence, pois nunca conseguiremos fazer o próximo sentir o que sentimos.

No entanto, podemos ser ajudados por todos aqueles que vivem conosco. Cada um vai nos oferecer o seu próprio aprendizado, o seu conhecimento, a sua experiência, para que possamos superar as situações e crescer.

Dentre tudo, porém, serão realmente as nossas boas ações, aquilo que já fizemos de bom, que abrirão portas e nos darão condições de encontrar, no Tribunal da consciência, a paz de que precisamos para estar frente a frente com o Juiz de todos nós, que é Deus.

Semeando

Todos os dias, um homem viajava cinqüenta minutos de ônibus para ir ao trabalho. Uma senhora também viajava no mesmo ônibus e, constantemente, sentava-se perto de uma janela. Ela, então, abria a bolsa, tirava um pacotinho e passava a viagem toda jogando alguma coisa para fora. A cena sempre se repetia e um dia, curioso, o homem lhe perguntou o que jogava pela janela.

— Jogo sementes – respondeu ela.

— Sementes? Sementes de quê?

— De flor. É que eu olho para fora e a estrada é tão vazia... Gostaria de poder viajar vendo flores por todo o caminho. Imagine como seria bom!

— Mas as sementes caem no asfalto, são esmagadas pelos pneus dos carros, devoradas pelos passarinhos... A senhora acha mesmo que estas flores vão nascer aí, na beira da estrada?

— Acho, meu filho. Mesmo que muitas se percam, algumas acabam caindo na terra e com o tempo vão brotar.

— Mesmo assim... demoram para crescer e precisam de água...

— Ah, eu faço minha parte. Sempre há dias de chuva. E se eu não jogar as sementes, aí mesmo é que as flores nunca vão nascer.

Dizendo isso, a velhinha virou-se para a janela e recomeçou seu "trabalho". O homem desceu logo adiante, achando que a senhora já estava meio "caduca".

O tempo passou. Um dia, no mesmo ônibus, sentado à janela, o homem levou um susto ao olhar para fora e ver flores na beira da estrada. Muitas flores... A paisagem estava colorida, perfumada, linda. O homem lembrou-se da velhinha, procurou-a no ônibus sem a encontrar. Perguntou por ela para o cobrador, que conhecia todo mundo.

— A velhinha das sementes? Pois é... Morreu de pneumonia no mês passado.

O homem voltou para o seu lugar e, olhando a paisagem florida pela janela, pensou: "Quem diria, as flores brotaram mesmo! Mas de que adiantou o trabalho da velhinha? A coitada morreu e não pôde ver esta beleza toda".

Terapia da Paz

Nesse instante, o homem escutou uma risada de criança. No banco da frente, uma garotinha pela janela, entusiasmada, dizia:

— Olha, que lindo! Quanta flor pela estrada... Como se chamam aquelas flores?

Então, o homem entendeu o que a velhinha tinha feito. Mesmo não estando ali para contemplar as flores que tinha plantado, a velhinha devia estar feliz. Afinal, ela havia dado um presente maravilhoso para as pessoas.

No dia seguinte, o homem entrou no ônibus, sentou-se numa janela e tirou um pacotinho de sementes do bolso...

...

Muitas pessoas costumam viajar no ônibus da vida, dormindo, preocupadas apenas com o seu bem-estar. Querem descansar e não se importam com o que acontece de ruim com os demais passageiros e nem observam se a paisagem lá fora é feia ou bonita.

No entanto, existem aqueles que se preocupam e não se conformam com a aridez e o vazio do caminho. Procuram, então, fazer algo para modificar o que estão vendo, porquanto gostam da beleza e da harmonia.

Essas pessoas, como a senhora da nossa história, são semeadores, que lançam sementes de alegria e bondade, de paz e progresso. Esses semeadores do Bem sempre encontrarão aqueles que questionam a utilidade da semeadura. Os acomodados dirão: "Para que se preocupar com isso?! Cada um que cuide de sua vida!"

Mas os bons servos de Deus não desanimam. Sabem que, se não semearem, não haverá colheita. Também sabem que parte das sementes poderá cair nas pedras e que outra parte poderá ser comida pelos pássaros. Por isso, lançam muitas sementes, na esperança de que algumas delas possam cair no solo dos corações preparados para o plantio.

E quando os frutos de felicidade começarem a brotar, alegrando as pessoas, outros semeadores aparecerão para continuar o plantio, até que, um dia, todos possamos nos tornar verdadeiros servos do Amor.

O laço

Eu nunca tinha reparado como é curioso um laço... Uma fita dando voltas... Ela se enrosca, mas não se embola. Vira, revira, circula e pronto: está dado o laço.

O laço é um abraço. Um abraço no presente, no cabelo, no vestido, em qualquer coisa onde ele é feito.

E quando se puxa uma ponta, o que é que acontece? Vai escorregando devagarzinho, desmancha, desfaz o abraço.

Solta o presente, o cabelo, e fica solto no vestido. E na fita, que curioso, não faltou nem um pedaço.

Ah! Então é assim o amor, a amizade. Tudo que é sentimento bom é como um pedaço de fita na qual se dá um laço.

Enrosca, segura um pouquinho, mas pode se desfazer a qualquer hora, deixando livres as duas bandas do laço.

É como um abraço: coração com coração, tudo isso cercado de braço.

Por isso é que se diz: laço afetivo, laço de amizade.

Então o amor é isso... Não prende, não escraviza, não aperta, não sufoca.

Porque quando vira nó, já deixou de ser um laço.

...

Os sentimentos bons, como o amor e a amizade, são laços que nos unem, sustentam-nos, deixam-nos bem próximos e permitem a troca de sublimadas energias.

Os amigos e aqueles que se amam, se ligam uns aos outros por espontânea vontade, e isso é motivo de imensa felicidade.

Esse laço mantém a alegria, protege e dá segurança. Quem está enlaçado, sabe que pode contar com o outro a qualquer momento, pois ele estará ali, bem perto, quando precisar.

A caminhada é mais fácil, e o peso das dores, das aflições e dos medos é repartido. Se por acaso um ameaça cair, o outro aperta o laço, segurando firme para que a queda não aconteça.

Mas o laço não pode ser muito apertado, porque, então, sufoca e machuca.

Quando se tem ciúmes demais, quando não se

Terapia da Paz

confia, é como se apertássemos o laço, tanto que o outro acaba querendo escapar, porque ninguém gosta de sofrer e perder a liberdade.

Pior ainda é quando não sabemos dar o laço e acabamos dando um nó, um nó daqueles bem fortes, do qual não se consegue livrar senão cortando.

São assim os relacionamentos possessivos e violentos, que terminam em ódio e revolta, e que só vão ser resolvidos com muita dificuldade.

Para se dar um nó é a coisa mais fácil. Bastam duas voltas e pronto. Tudo está feito. Mas quando queremos desfazê-lo, aí é que são elas. Normalmente, a gente acaba cortando e perdendo a fita.

O laço requer aprendizado.

É uma arte.

E se podem fazer laços muito bonitos, pequenos ou grandes, mas que agradam aos olhos.

Demora para fazer, mas o resultado vale a pena. E se não gostarmos, basta puxar delicadamente, desfazer tudo e começar de novo.

Assim também são os laços dos sentimentos.

É preciso aprender a enlaçar os corações das criaturas, usar da gentileza, do respeito, da atenção, do carinho.

Dá trabalho, sim, mas é esse o laço que nos vai dar a verdadeira felicidade.

Orgulho e humildade

Um lavrador percorria com seu filho os campos, para ver se o trigo já estava maduro.

— Meu pai – perguntou o rapazinho – por que é que algumas espigas de trigo estão inclinadas para o chão, enquanto outras estão de cabeça erguida? Estas últimas devem ser as melhores; as que deixam pender a cabeça, por certo, não prestam.

O pai, colhendo umas espigas, disse:

— Repara, meu filho! Esta espiga que, tão modestamente se curva, está perfeita e cheia de grãos; ao passo que esta outra, que se levanta com tanto orgulho no trigal, está chocha e imprestável.

...

Essa pequena história nos fala do orgulho e da humildade. São dois sentimentos que não conseguem viver juntos dentro de nós. A humildade só entra no nosso coração quando o orgulho sai pela outra porta.

O orgulho tem a ver com as vaidades humanas, com os poderes a que as pessoas aspiram na Terra. Ignorando as leis divinas, o ser humano se acha melhor que aqueles que possuem menos autoridade, menos fortuna ou pouca cultura.

Quase sempre o orgulhoso é vazio de valores espirituais, e costuma revelar-se na indiferença e na crueldade para com os que, socialmente, se encontram abaixo dele. Como a espiga vazia de grãos, caminha de nariz empinado e olha todos por cima, com descaso.

O orgulho, separando as criaturas, gera a miséria e a revolta, mantendo uma sociedade injusta e infeliz.

O orgulhoso quer ser o centro das atenções e ter suas vontades todas realizadas. Quando não consegue, torna-se violento e agride os que o cercam.

Aparentemente feliz, o orgulhoso terá o mesmo destino de todos: deixará esta Terra pelas portas da morte e encontrará a realidade espiritual, que nos iguala a todos e onde só contam a elevação moral e o bem que se faz. Essa descoberta, sem dúvida, será para ele motivo de triste sofrimento, porque o impedirá de alcançar a felicidade que imaginava poder comprar com as moedas humanas.

Por isso Jesus nos afirmou que o Reino de Deus é

para os simples e humildes de coração. A humildade é a grande virtude que nos proporcionará a felicidade. É por esse sentimento nobre que nos aproximaremos de Deus.

A humildade não decorre do estado de pobreza, mas diz respeito aos valores da alma, porque é muito comum encontrarmos ricos humildes e pobres orgulhosos.

Também não significa timidez ou covardia, mas capacidade de amar a todos igualmente, de respeitar as diferenças e de reconhecer a grandeza de Deus e do Universo.

O verdadeiro humilde nem mesmo se reconhece humilde. Ele simplesmente o é. Quem se diz humilde, apenas tem vontade de ser, porque no fundo ainda carrega a vaidade.

O humilde não busca ser o primeiro lugar, não quer destaque e nem glórias. Sua alegria é poder viver, aprender e servir, sendo feliz e fazendo a felicidade do próximo.

O humilde conhece as suas forças, utilizando-as para fazer o bem.

A humildade é virtude que se conquista. Para isso, deve haver muito esforço de nossa parte, na disciplina, no trabalho e na fraternidade.

Com certeza, temos em Jesus o exemplo de humildade a seguir. Sendo o maior filho de Deus entre nós, nasceu numa simples manjedoura, viveu entre os pescadores, pobres e doentes, para ensinar a todos nós o caminho da felicidade.

Riscos

Duas sementes descansam, lado a lado, no solo fértil da primavera.
A primeira semente disse:
— Eu quero crescer! Quero enviar raízes às profundezas do solo e fazer meus brotos rasgarem a superfície da terra... Quero abrir botões como bandeiras, anunciando a chegada da primavera... Quero sentir o calor do sol no rosto e a bênção do orvalho da manhã em minhas pétalas!
E assim ela cresceu.
A segunda semente disse:
— Tenho medo. Se eu enviar raízes às profundezas, não sei o que encontrarei na escuridão. Se rasgar a superfície dura, posso danificar meus brotos... E se eu

deixar que meus botões se abram e um caracol tentar comê-los? E se abrir minhas flores e uma criança me arrancar do chão? Não é muito melhor esperar até que eu me sinta segura?

E assim ela esperou.

No entanto, certo dia, uma galinha, ciscando o solo da primavera recente à procura de comida, encontrou e rapidamente comeu aquela semente, que estava à espera de segurança.

...

Viver é estar sempre se arriscando. Mas é justamente no enfrentamento das lutas e das dificuldades diárias que desenvolvemos a inteligência e os sentimentos.

Os problemas, os contratempos e o desejo de conforto nos levam a buscar as soluções. Cada desafio enfrentado e vencido, soma experiência e acrescenta segurança e felicidade.

Se ficamos com medo de avançar, não crescemos e não amadurecemos. O progresso da humanidade existe porque homens corajosos se esforçam na conquista do ideal em que acreditam.

Os medrosos dizem que tudo é loucura, que é impossível realizar o que sonham os idealistas. Ficam aguardando o resultado, para zombarem quando não alcançado, ou para dele se aproveitarem quando há sucesso.

A América não teria sido descoberta se os navegadores europeus não tivessem enfrentado os oceanos. A luz elétrica não iluminaria as noites e nem o avião cortaria o céu aproximando as nações se os inventores não acreditassem que isso seria possível. A África e a Índia não seriam livres se Gandhi não desse pela liberdade a própria vida.

E esses são apenas alguns exemplos dos grandes sonhos realizados por homens de visão, que se arriscaram pelo bem da Humanidade.

Especialmente, é preciso que nos arrisquemos a viver com as pessoas. As nossas diferenças tornam a vida difícil, mas sem os atritos e as divergências não conseguimos disciplinar os instintos e nem desenvolvemos as nossas virtudes.

É na convivência familiar e social que vamos adquirir paciência, compreensão, tolerância e fraternidade. Da mesma forma, estaremos contribuindo para o crescimento dos outros, oferecendo o nosso conhecimento e capacidade de realização.

Todos somos convidados por Deus para participar do Universo. Mas, para isso, é preciso termos a coragem de estender os nossos sentimentos, como se fossem brotos de uma semente germinada, rasgando o solo e enfrentando as intempéries, para que os botões possam perfumar a vida na permanente estação da felicidade.

Além do dever

Um homem foi chamado à praia para pintar um barco. Trouxe com ele tinta e pincéis, e começou a pintar o barco de um vermelho brilhante, como o combinado. Enquanto pintava, notou que a tinta estava passando pelo fundo do barco. Percebeu, então que havia um furo, e decidiu consertá-lo. Quando terminou a pintura, recebeu seu dinheiro e se foi.

No dia seguinte, o proprietário do barco procurou o pintor e presenteou-o com um belo cheque. O pintor ficou surpreso e disse:

— O senhor já me pagou pela pintura do barco.

— Mas isto não é pelo trabalho de pintura. É por ter consertado o furo do barco.

— Foi um serviço tão pequeno que não quis cobrar.

Certamente, não está me pagando uma quantia tão alta por algo tão insignificante.

— Meu caro amigo, deixe-me contar-lhe o que aconteceu. Quando pedi a você que pintasse o barco, esqueci-me de mencionar o vazamento. Quando a tinta secou, meus filhos o pegaram e saíram para uma pescaria. Eu não estava em casa naquele momento. Quando voltei e notei que haviam saído nele, fiquei desesperado, pois me lembrei do furo. Imagine meu alívio e alegria quando os vi retornando sãos e salvos. Então, examinei o barco e constatei que você o havia consertado! Percebe, agora, o que fez? Salvou a vida de meus filhos! Não tenho dinheiro suficiente para pagar-lhe pela sua "pequena" boa ação...

...

O egoísmo é uma grande chaga moral da humanidade. Ele isola o homem em si mesmo, que então não se preocupa com nada mais além do seu prazer e das suas necessidades. A miséria e o sofrimento sobre a Terra estão diretamente ligados a esse triste sentimento, que a maioria de nós, infelizmente, ainda carrega, em maior ou em menor grau.

O pintor da nossa história mostrou já ter conquistado sentimentos elevados, de preocupação com o bem-estar alheio. Poderia ter feito apenas o serviço para o qual foi contratado, que era pintar o barco. No entanto, foi além e consertou o furo que havia no fundo do barco, sem se preocupar se, por esse serviço, seria também remunerado.

Quantas pessoas existem que ainda não fazem como ele. Ou seja, quando não fazem nada, fazem somente aquilo que é o seu dever, mesmo percebendo alguma coisa errada e lhes sendo fácil ajudar.

As desculpas que apresentam revelam o egoísmo e a falta de solidariedade. Costuma-se ouvir: Não fui eu quem desarrumou! Esse não é o meu serviço! Quem estragou que conserte! Não ganho para fazer isso! Já passou do meu horário! Não quero me complicar!

Quando vamos além da obrigação, conquistamos simpatia, respeito e consideração e atraímos para nós a mão amiga nos momentos em que nós mesmos falharmos ou formos os necessitados. Perceberemos, então, o valor de ser bons, de ajudar sem esperar nada em retribuição, aprendendo que o bem atrai o bem.

Um gesto de caridade, uma boa ação é bênção que espalhamos ao nosso redor, com resultados que não podemos imaginar. O conserto de um simples buraco, salvou vidas e deu alegria a todos. Observemos ao nosso redor, e encontraremos muitas pequenas coisas que poderemos fazer e que serão importantes para alguém.

Por isso, caro leitor, experimente aproveitar as oportunidades que a vida lhe oferece para ser alguém que não vive apenas para si mesmo, mas que vai além do próprio dever, servindo onde estiver, consertando vazamentos, auxiliando sempre.

Assim, você será chamado filho de Deus e terá, como recompensa, a felicidade.

O principal

Era uma vez uma mulher pobre que caminhava por uma estrada, carregando pequena filha ao colo. Ao passar perto de uma caverna, ouviu uma voz que vinha lá de dentro:

— Entre e pegue tudo o que desejar, mas não se esqueça do principal.

A mulher não acreditou muito no que estava ouvindo e se aproximou mais da caverna, quando novamente ouviu:

— Entre e pegue tudo o que desejar. Fique sabendo, porém, que depois que você sair a porta da caverna se fechará para sempre. Assim, aproveite a oportunidade, mas não se esqueça do principal.

A mulher entrou e ficou maravilhada. Era um tesouro, com muitas jóias e pedras preciosas. Ela, então, colocou a filha no chão e começou a recolher as jóias em seu avental.

Logo em seguida, ouviu novamente a voz:

— Agora você tem apenas 3 minutos.

A mulher apressou-se em recolher o quanto mais podia e saiu correndo da caverna, que logo em seguida fechou a porta.

Só então a mulher se deu conta de que havia esquecido a filha lá dentro, e agora nunca mais poderia pegá-la. O tesouro durou pouco tempo, mas o desespero da mulher foi para sempre.

...

Podemos comparar essa história com a nossa vida. A caverna é o planeta Terra e o tesouro são as oportunidades que nos são oferecidas por Deus.

O principal são os relacionamentos fraternais, os valores morais e intelectuais, que enobrecem a alma e lhe proporcionam a verdadeira felicidade.

Enquanto estamos por aqui, devemos utilizar as coisas e poderes terrenos com sabedoria e amor, justamente para que não entremos em desespero quando as portas se fecharem pelo fenômeno que chamamos de morte.

No entanto, muitas pessoas, porque não acreditam na vida depois da morte, prosseguem querendo apenas encontrar o tesouro dos prazeres, a qualquer preço, dando menos valor ao principal. E, para conseguirem o que querem, são capazes de fazer o próximo sofrer.

A vida na Terra é uma rápida experiência, comparada à imortalidade do espírito. Viver é estar matriculado na Escola da Alma. Mas o que se pode dizer de um aluno que falta às aulas, não está atento às lições dos professores e nem se submete aos testes de conhecimento?

Assim como o aluno relapso é obrigado a repetir a mesma série, também a alma é compelida a repetir as experiências, até que aprenda a lição. Contudo, isso implica em perda de tempo e esforço dobrado, ou seja, é motivo de sofrimento.

De que valem as conquistas terrenas, se, com isso, vamos demorar a alcançar os prazeres dos céus?

É preciso acreditar nisso, para que não nos enganemos com relação ao que seja o principal para a nossa felicidade. E nem sempre precisamos morrer para dar conta do tempo perdido e das oportunidades desperdiçadas.

A vida dá tantas reviravoltas que muitos aqui mesmo acordam para a realidade. Mas, muitas vezes, acordam de forma dolorosa.

Correm atrás do dinheiro, mas perdem os filhos para a sociedade e envelhecem na solidão. Alcançam poder e autoridade, mas ganham inimigos e vivem amedrontados. Gozam em excesso os prazeres da carne, cultivam os vícios, mas, de repente, estão doentes e passam a freqüentar médicos e hospitais.

Por isso, se você está recolhendo os tesouros da Terra, cuidado, pois logo a porta da vida se fechará para você.

Não vá se esquecer do principal!

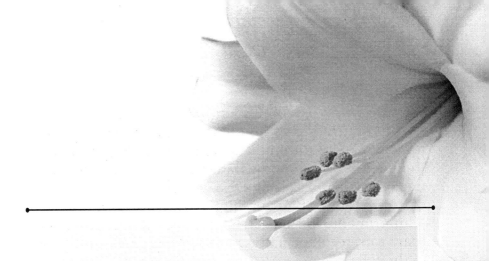

Participação

Um homem integrava um grupo de voluntários e prestava serviços regularmente. Certo dia, porém, sem nenhum aviso, deixou de participar. Após algumas semanas, o líder do grupo decidiu visitá-lo.

Era uma noite muito fria. O líder encontrou o homem em casa, sozinho, sentado diante de um brilhante fogo. Supondo a razão para a visita, o homem deu-lhe boas-vindas, pediu que sentasse num sofá perto da lareira, e ficou quieto à espera.

O líder se fez confortável, mas não disse nada. No silêncio sério, contemplou a dança das chamas em torno da lenha ardente. Após alguns minutos, o líder examinou as brasas; cuidadosamente apanhou uma brasa ardente e deixou-a de lado. Então voltou a sentar-se e permaneceu silencioso e imóvel.

O anfitrião prestou atenção a tudo, fascinado e quieto. Então, diminuiu a chama da solitária brasa, houve um brilho momentâneo e seu fogo apagou de vez. Logo, a brasa estava fria e morta.

Nenhuma palavra tinha sido dita desde o cumprimento inicial. O líder, antes de se preparar para sair, recolheu a brasa fria e inoperante e colocou-a de volta no meio do fogo. Imediatamente começou a incandescer uma vez mais, com a luz e o calor dos carvões ardentes em torno dela.

Quando o líder alcançou a porta para partir, seu anfitrião disse:

— Obrigado, tanto por sua visita quanto pelo sermão. Eu vou voltar ao convívio do grupo.

...

As pessoas são seres sociais. Fomos feitos para viver juntos e precisamos uns dos outros muito mais do que o restante dos animais criados por Deus. Isso porque os humanos se destacam pela consciência e pelos seus sentimentos mais aprimorados, que só se desenvolvem com a convivência.

O ser humano sozinho se embrutece e nele prepondera o instinto. Infelizmente, porém, muitas pessoas buscam se isolar, ter uma vida sem contato com qualquer outra pessoa.

Algumas procuram lugares isolados. Outras se trancam dentro de casa. E existem aquelas que, embora vivam em sociedade, estão fechadas dentro de si mesmas.

Várias são as causas que determinam o isolamento.

O medo talvez seja a principal. Vivendo numa sociedade violenta e dominadora, as almas mais frágeis não se arriscam a enfrentar o mundo, com medo de ser rejeitadas e escravizadas.

A decepção também leva a criatura a se fechar. Decepção com aqueles que nos traíram, decepção com os que nos ofenderam, decepção com aqueles que se revelaram desonestos e indignos.

Porém, a pior forma de isolamento é a que decorre do orgulho, porque a criatura isola o coração das pessoas que a rodeiam. Só aceita estar com elas, na medida em que elas lhe sirvam de alguma forma ou façam a sua vontade. O orgulhoso vive com o próximo, mas não convive com ele emocionalmente, uma vez que pensa só em si mesmo, nos seus valores e desejos.

O ser humano só crescerá em inteligência e em moral se aceitar o embate com o semelhante. É na convivência, na reação que as pessoas oferecem às nossas atitudes, que aprendemos a nos conhecer, descobrimos as nossas imperfeições e aprimoramos as nossas virtudes.

Não possuímos todas as condições pessoais de elevação. Precisamos não só do conhecimento do próximo, como também do alimento emocional que ele pode nos oferecer, em carinho, atenção, amparo e respeito.

Abandonar a vida em grupo, por qualquer motivo que seja, é apagar a brasa da vida que carregamos na alma, é esfriar o coração e cultivar a tristeza. E mesmo que algumas vezes as chamas mais fortes das emoções possam nos chamuscar, ainda assim é melhor do que caminhar solitário.

Por isso, se você buscou o isolamento, está na hora de voltar ao calor da convivência, na certeza de que, assim, estará acalentando e purificando a sua alma.

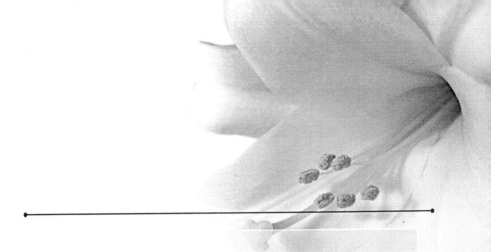

Ser você mesmo

Certo dia, um Samurai, guerreiro orgulhoso, foi ver um Mestre Zen. E embora fosse muito famoso, ao olhar o Mestre, a beleza deste e o encanto daquele momento, fizeram-no sentir-se repentinamente, inferior.

Ele, então, disse ao Mestre:

— Por que estou me sentindo inferior? Apenas um momento atrás, tudo estava bem. Quando aqui entrei, subitamente me senti inferior e jamais me sentira assim antes. Encarei a morte muitas vezes, mas nunca experimentei medo algum. Por que estou me sentindo assustado agora?

O Mestre levou o Samurai para fora. Era uma

noite de lua cheia e a lua estava justamente surgindo no horizonte.

Ele disse:

— Olhe para estas duas árvores: a árvore alta e a árvore pequena ao seu lado. Ambas estão juntas ao lado de minha janela durante anos e nunca houve problema algum. A árvore menor jamais disse à maior: "Por que me sinto inferior diante de você?" Esta árvore é pequena e aquela é grande – este é o fato, e nunca ouvi sussurro algum sobre isso.

O Samurai então argumentou:

— Isto se dá porque elas não podem se comparar.

E o Mestre replicou:

— Então você sabe a resposta. Quando você não compara, toda a inferioridade e superioridade desaparecem. Você é o que é e simplesmente existe. Um pequeno arbusto ou uma grande e alta árvore, não importa, você é você mesmo. Uma folhinha da relva é tão necessária quanto a maior das estrelas. O canto de um pássaro é tão necessário quanto qualquer Buda, pois o mundo será menos rico se esse canto desaparecer. Simplesmente olhe à sua volta. Tudo é necessário e tudo se encaixa. É uma unidade orgânica: ninguém é mais alto ou mais baixo, ninguém é superior ou inferior. Cada um é incomparavelmente único. Você é necessário e basta. Na Natureza, tamanho não é diferença. Tudo é expressão igual de vida!

Terapia da Paz

Essa pequena história oriental nos traz elevada lição de vida. As pessoas, em grande parte, vivem se comparando quanto à beleza e à fortuna, ao poder e à felicidade.

Fazemos isso normalmente por orgulho e por inveja. Porque ao orgulhoso e ao invejoso importa ser o melhor da sociedade, ter destaque e reconhecimento.

Raras vezes queremos ser bons, generosos e caridosos tanto quanto o outro é. As virtudes da alma, que elevam aos céus, por enquanto não nos interessam.

No entanto, a maneira de os demais serem não deveria nos preocupar. Somos pessoas especiais, únicas, diferentes umas das outras. Para Deus, ninguém é melhor ou pior. Cada um de nós tem sua importância no conjunto universal, desde o átomo até o arcanjo.

Quem muito se compara, perde tempo na aquisição dos valores pessoais. As experiências alheias devem servir apenas como um referencial, porque nem tudo que é bom para o próximo, é bom para nós.

Portanto, meu caro leitor, seja você mesmo. Você tem um potencial que deve usar para melhorar a sua vida e ajudar os outros. Certamente, também comete erros, porque ainda é imperfeito, mas pode se esforçar para ser melhor a cada dia.

A batalha mais importante que devemos travar é conosco, para nos transformarmos numa pessoa boa, mais sábia e generosa. Não percamos tempo com as pequenas coisas, mas dediquemo-nos, com perseverança, na conquista das virtudes, aprendendo e trabalhando sempre.

E se você quer ter um exemplo a seguir, sugerimos que esse exemplo seja Jesus, o irmão mais perfeito que passou pela Terra. Com ele você nunca se enganará. Procurando fazer como ele fez, você, sem dúvida, será alguém melhor.

Heranças

Certa vez, um homem rico queixou-se a um amigo:
— Por que será que todos estão sempre me criticando por ser avarento, se eles sabem que vou deixar tudo o que possuo para os pobres quando eu morrer?

Após uma pausa, o amigo disse:
— Acho que é o mesmo que a história do porco e da vaca.

— Como assim? – perguntou o homem rico.

O amigo disse:
— Conta-se que um porco estava se queixando a uma vaca por ser muito impopular. Comentava ele com a vaca: "As pessoas falam muito de sua bondade e de seus meigos olhos castanhos". E continuou: "De mim, elas só falam mal".

A vaca calmamente ponderou: "Isso parece muito injusto".

Ao que retrucou o porco: "Claro, você oferece seu leite para os filhos delas, mas eu forneço muito mais. Forneço carne, couro, bacon e presunto. Forneço cerdas para pincel. Até meus pés elas usam num prato especial, a feijoada! Mesmo assim, ninguém gosta de mim. Por quê?"

A vaca pensou por alguns instantes e respondeu: "Bem, talvez porque forneço o meu produto enquanto estou viva".

...

Muitas pessoas passam pela vida pensando apenas em si mesmas. Fazem fortuna e a utilizam para os prazeres. Raramente se preocupam em oferecer um pouco do que possuem para ajudar o próximo.

Para dar paz à consciência, justificam-se dizendo que tudo conquistaram com o próprio esforço; que é preciso guardar para garantir o futuro da família e dos filhos; e que da Terra nada se leva, e que, por isso, deve-se gastar aqui o que aqui se ganhou.

Dificilmente se consideram avarentas ou egoístas. Dizem que são prudentes e controladas, trabalhadeiras e disciplinadas, virtudes que os outros também devem conquistar. Não entendem, porém, por que não são amadas e nem reconhecidas.

Não adianta muito pensar em fazer doações para depois da morte. Em verdade, quem morre não está doando, está apenas deixando aquilo que não pode levar. Não se trata de um gesto de caridade, de desprendimento e generosidade.

Se quisermos conquistar simpatia e amizades, devemos aprender a repartir e doar em vida, enquanto estamos caminhando com as pessoas que precisam de nossa ajuda. Todo gesto de bondade atrai reconhecimento e gratidão.

Portanto, é bom que aproveitemos as oportunidades de fazer caridade que nos são oferecidas. Os bens materiais nos são concedidos por Deus como empréstimos, para o nosso conforto, mas também para que possamos contribuir para o bem-estar da humanidade.

Igualmente podemos dizer do uso das nossas virtudes, que podem e devem ser empregadas para ajudar o próximo necessitado, quando se encontra doente, desesperado, aflito e solitário. A nossa doação pessoal, muitas vezes, vale mais que qualquer caridade em dinheiro.

Uma das leis que regem o Universo é a da causa e efeito. O que damos para a vida é o que a vida devolve para nós. Assim, o bem que fazemos ao semelhante retornará em nosso benefício na forma de apoio, de carinho e de paz.

Ninguém espere colher onde não plantou. E não se pode colher flores se a semeadura foi de espinhos.

Dessa forma, se queremos reconhecimento e felicidade, comecemos a distribuir, por onde passarmos, gestos de carinho, de respeito, levando alegria onde houver tristeza, apoio onde houver fraqueza, e compreensão onde encontrarmos a ignorância.

(Texto inicial extraído do livro *Pequeno Devocional de Deus para Homens*)

Vivendo como as flores

Certo discípulo perguntou ao seu Mestre:
— Mestre, como faço para não me aborrecer?
Algumas pessoas falam demais, outras são ignorantes, algumas são indiferentes. Sinto ódio das que são mentirosas. Sofro com as que caluniam.

— Pois viva como as flores – advertiu o mestre!

— E como é viver como as flores? - perguntou o discípulo.

— Repare nestas flores – continuou o mestre, apontando lírios que cresciam no jardim. Elas nascem no esterco, entretanto, são puras e perfumadas. Extraem do adubo malcheiroso tudo que lhes é útil e saudável, mas não permitem que o azedume da terra manche o frescor de suas pétalas. É justo angustiar-se com as próprias culpas, mas não é sábio permitir que os vícios dos outros o importunem. Os defeitos deles são deles e não seus. Se não são seus, não há razão para aborrecimento. Exercite, pois, a virtude de rejeitar todo mal que vem de fora. Isso é viver como as flores.

...

Vivemos num mundo em que nada é igual. E nessa diversidade vemos a grandeza e a sabedoria de Deus, que em sua perfeição, é capaz de criar incessantemente, sem repetir as Suas obras.

Isso também se aplica às pessoas. Não se encontra uma igual à outra, seja na aparência ou seja no modo de pensar, falar ou agir. As diferenças são importantes para que possamos manter a nossa individualidade.

E somos colocados juntos numa mesma sociedade para que possamos trocar experiências e nos ajudar uns aos outros no crescimento moral e intelectual. No entanto, é natural que surjam conflitos, justamente pelo fato de sermos diferentes.

Assim, eu tenho preferência pela cor azul, mas aquele pode gostar mais do vermelho. Eu sou uma pessoa tímida e reservada, mas o outro é alegre e extrovertido. Eu prefiro a religião, só que alguém gosta da política.

Se quisermos viver pacificamente, devemos aprender a respeitar a maneira de ser do próximo, quando isso não implique em destruição e prejuízo para a coletividade. Se queremos viver como achamos melhor, também se faz necessário deixar que o outro viva como quer.

Não precisamos mudar o nosso modo de viver para ser como os outros querem que sejamos, mas igualmente não podemos obrigar que eles se comportem como achamos melhor. O respeito ao próximo é a chave de uma vida social em paz.

Pensando assim, não ficaremos aborrecidos com as contrariedades e oposições. Seguiremos a vida compreendendo que cada um está numa fase de evolução e dá para a vida o que tem por dentro.

Se já consideramos importante a paz, não vamos entrar em guerra só porque o outro gosta do conflito. Se achamos que desenvolver a inteligência é uma necessidade, não nos importemos com aqueles que se contentam com o pouco de conhecimento. E se já conquistamos elevação moral, não nos entreguemos à promiscuidade só porque o sexo foi liberado.

Lembrando a lição do mestre ao discípulo, vamos nos espelhar nas flores, que, embora brotando na lama, crescem para o alto, em direção ao céu, mantendo a beleza e o perfume. E, ainda, mesmo quando arrancada ou esmagada, é capaz de perfumar as mãos do agressor.

Portanto, meu amigo leitor, quando encontrar pela frente alguém diferente, tranqüilize o seu coração

e siga feliz em busca do seu próprio destino.
Muita paz para você.

CONHEÇA MAIS HISTÓRIAS

Bom dia mesmo!
Ricardo Orestes Forni • 14x21 cm • 208 p.

Bom dia, mas BOM DIA MESMO! Eis aí um livro que vai ajudar aos jovens, intrigar os adultos e comover as crianças. Nesses contos, o médico Ricardo Orestes Forni revive as gostosas lições à semelhança das deixadas pelo querido Wallace Leal Rodrigues no seu *E, para o resto da vida...*

Contos modernos em tempo de paz
Donizete Pinheiro • 14x21 cm • 200 p.

Mensagens carregadas de otimismo, alegria e estímulo, sempre recheadas de histórias e exemplos reais, que auxiliam na busca de momentos felizes em nosso dia a dia e de uma convivência equilibrada consigo mesmo e com os outros, possibilitando que consigamos um verdadeiro tempo de paz em nossas vidas.

A vida ensinou
Maria Ida B. Bolçone • 13x18 cm • 120 p.

A autora conta excelentes histórias que ilustram e educam as pessoas, lembrando de sua infância, das amizades, dos parentes e de sua vida, enfim. O livro é o resultado de tantos pedidos de cópias das páginas divulgadas no Rádio.

CONHEÇA TAMBÉM

O evangelho é um santo remédio
Joseval Carneiro • 14x21 cm – 184 p.

De forma leve e didática, o autor nos brinda com relatos de curas maravilhosas, informações sobre plantas medicinais e lições de como agir perante as vicissitudes da vida.

O evangelho é um santo remédio é um livro de tamanha importância que apenas uma palavra é capaz de descrevê-lo: imprescindível.

O valor terapêutico do perdão
Francisco Cajazeiras • 14x21 cm – 128 p.

Este livro demonstra que a proposta de Jesus para o perdão incondicional abrange todas as áreas do conhecimento humano. O objetivo da obra é o de aliar os avanços da pesquisa científica à ação de perdoar, compondo-se assim uma espécie de terapêutica, apropriada à nossa saúde não apenas espiritual ou social, mas também mental e orgânica.

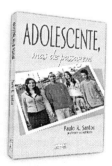

Adolescente, mas de passagem
Paulo R. Santos • 14x21 cm – 160 p.

Paulo R. Santos compôs este livro visando a preparação das novas gerações para as necessidades e responsabilidades que encontrarão. Num ritmo leve e prazerosamente didático, o livro é endereçado não só aos adolescentes, mas também a pais e educadores e todos os "ex-adolescentes" que buscam uma melhor compreensão dessa fase de excitação e confusão, insegurança e entusiasmo - de transição.